本书受广州国际商贸中心重点研究基地专项课题项目
"广州宏观经济影响研究：历史、逻辑与实证"的资助

广州
宏观经济运行

1978~2018

**MACROECONOMIC OPERATION
OF GUANGZHOU CITY:**
History, Logic and Empirical Study

历史、逻辑与实证

刘巍 / 著

社会科学文献出版社
SOCIAL SCIENCES ACADEMIC PRESS (CHINA)

出版者前言

习近平同志指出，改革开放是当代中国最鲜明的特色，是我们党在新的历史时期最鲜明的旗帜。改革开放是决定当代中国命运的关键抉择，是党和人民事业大踏步赶上时代的重要法宝。2018年是中国改革开放40周年，社会各界都会举行一系列活动，隆重纪念改革开放的征程。对40年进行总结也是学术界和出版界面临的重要任务，可以反映40年来尤其是十八大以来中国改革开放和社会主义现代化建设的历史成就与发展经验，梳理和凝练中国经验与中国道路，面向全世界进行多角度、多介质的传播，讲述中国故事，提供中国方案。改革开放研究是新时代中国特色社会主义研究的重要组成部分，是应该长期坚持并具有长远意义的重大课题。

社会科学文献出版社成立于1985年，是直属于中国社会科学院的人文社会科学专业学术出版机构，依托于中国社会科学院和国内外人文社会科学界丰厚的学术和专家资源，坚持"创社科经典，出传世文献"的出版理念、"权威、前沿、原创"的产品定位以及出版成果专业化、数字化、国际化、市场化经营道路，为学术界、政策界和普通读者提供了大量优秀的出版物。社会科学文献出版社于2008年出版了改革开放研究丛书第一辑，内容涉及经济转型、政治治理、社会变迁、法治走向、教育发展、对外关系、西部减贫与可持续发展、民间组织、性与生殖健康九大方面，近百位学者参与，取得了很好的社会效益和经济效益。九种图书后来获得了国家社科基金中华学术外译项目资助和中共中央对外宣传办公室资助，由荷兰博睿出版社出版了英文版。图书的英文版已被哈佛大学、耶鲁大学、牛津大学、剑桥大学等世界著名大学收藏，进入了国外大学课堂，并得到诸多专家的积极评价。

从 2016 年底开始，社会科学文献出版社再次精心筹划改革开放研究丛书的出版。本次出版，以经济、政治、社会、文化、生态五大领域为抓手，以学科研究为基础，以中国社会科学院、北京大学、清华大学等高校科研机构的学者为支撑，以国际视野为导向，全面、系统、专题性展现改革开放 40 年来中国的发展变化、经验积累、政策变迁，并辅以多形式宣传、多介质传播和多语种呈现。现在展示在读者面前的是这套丛书的中文版，我们希望借着这种形式，向中国改革开放这一伟大的进程及其所开创的这一伟大时代致敬。

社会科学文献出版社

2018 年 2 月 10 日

作者简介

刘　巍　男，1960 年出生，黑龙江哈尔滨人，自 1975 年起当过知青、士兵和铁路工人。1981~1988 年，就读于哈尔滨师范大学历史系，获历史学硕士学位；1995~1998 年，就读于南开大学经济研究所，获经济学博士学位。现为广东外语外贸大学中国计量经济史研究中心教授、经贸学院教授、国际贸易学专业博士生导师；兼任深圳大学中国特区经济研究中心教授、中国数量经济学会常务理事、中国经济史学会理事和中国商业史学会常务理事。主要研究领域为国际贸易理论、宏观经济学和计量经济史。

内容提要

本书研究的时间跨度为 1978~2017 年，意在总结回顾广州市改革开放 40 年来宏观经济运行的逻辑关系与数量关系。首先，从逻辑和历史的角度分析了中国从供给约束型经济向需求约束型经济转变的过程，以及两个阶段宏观经济运行的基本传导机制。然后，对其主要变量做了较为深入的讨论。通过数量分析工具得出了广州市从供给约束型经济向需求约束型经济的转变发生在 1996 年的结论，并进一步分析了在此期间外贸和外资利用所起的作用。其次，考察分析了改革开放 40 年来中国各级政府政策对广州出口的正向影响，研究了广州进口的影响因素和进口商品的结构变化、产业结构的变化与就业的关系，估算了 40 年广州资本存量的时间序列数据，分析了广州城乡居民储蓄存款的变动趋势和影响因素。

序　言

　　广州市自古以来就是中国对外贸易的窗口，至今仍是外向型特色鲜明的中国一线城市。1978 年以来，广州经济快速发展，经济增速始终在中国大城市的前列。广州不是直辖市，但经济发展不逊于直辖市。虽然研究广州的经济增长是一个有意义也很有趣的事，但是，这个领域研究文献存量是比较少的。我估计大概有两个原因，一是地方经济数据不如全国数据齐全，二是研究地方经济的论著在学界的影响力较小。

　　近年来，广东外语外贸大学中国计量经济史研究中心开始涉足广州和广东的经济史研究领域，不过，由于刚刚起步，研究成果不多，研究的程度也不够深入。借改革开放 40 年的契机，我们对广州 40 年（由于数据获取问题，本书的研究时间为 1978~2016 年或 1978~2017 年，以此来代表改革开放 40 年）的宏观经济运行情况先做一个初步研究，意在抛砖引玉。我们研究经济史的出发点和研究路数和传统经济史研究有较大程度的不同，我们重视经济学理论框架和数量分析工具在研究中的应用，从而得出的结论大都是"经济学式的"而不是"历史学式的"。因此，有很多同行认为，我们研究的不是经济史，而是经济学。尽管这样，我们依然遵循"经济史是经济学的源"之理念，默默地做着"源"与"流"对接的工作。

　　在本书中，我们把广州 40 年的经济发展分为"供给约束型经济"时期和"需求约束型经济"时期两个经济过程。

　　第一，1996 年之前的广州经济属于"供给约束型"，特点是存在着两个短缺。其一，"硬件"方面的短缺。资本品，尤其是高水平的制造业装备短缺，是这一时期制约总产出的"瓶颈"。其二，"软件"方面的短缺。技术和管理水平的低下，导致原本就短缺的资本品产出能力更低。因此，在改革开放正确理念的指导下，发展外贸和利用外资是解决前述双短缺的正确途径。这一时期的广州经济特点和古典经济学、新古典经济学暗含的前提假设比较接近，区别在于，广州面对着世界市场上众多需求约束型经济的国家，有引进外资和进口先进生产设备的条件。而新古典经济学暗含的前提假设是世界经济总体上是短缺经济，只能依靠亚当·斯密在《国富论》中号召的"节俭"来积累资本存量。1928年柯布和道格拉斯两位学者的研究成果——生产函数把这一思想推向了精致的数学模型，即总需求没有问题，只要积累资本、增强技术进步（包括管理水平）和增加劳动力，更多的产量就可以生产出来并且卖出去。柯布－道格拉斯生产函数应该是供给约束型经济态势下"自力更生"的总供给模型，是当今《微观经济学》教科书中的经典理论，遗憾的是，教科书并未探讨该模型暗含的前提假设。在对广州1978~1996年经济运行的分析过程中，我们加入了FDI变量和出口创汇保证进口先进技术设备的资本存量增长机制，算是对柯布－道格拉斯生产函数在开放经济中的应用尝试。

第二，1996年之后的广州经济属于"需求约束型"，前期短缺的"硬件"和"软件"都有了长足的发展，潜在供给覆盖潜在需求没有任何问题。经济中一旦出现问题，一般不会体现在缺资本的层面，而是大都出现在缺乏订单的层面；当然，既有的资本存量和技术能否适应结构不断变化的总需求也是阶段性发生的问题，这就需要供给方面不断进行结构性调整以适应总需求的变化，同时，供给方面也需要不断创新来引领总需求。同时，供给方面某些厂商率先创新成功的赚钱效应，还能对其他厂商起到一种"示范效应"。上述调整和创新都是供给方在市场机制的作用下自发进行的，而经济制度方面的调整和创新则需要政府做顶层设计方能实现。我个人理解，所谓"深化改革"，从经济领域观察大概主要应该是做释放生产力的制度创新。

在两个总供求态势的大框架下，本书首先把外贸和外资利用作为自变量，考察其对经济增长和总供求态势转变的作用。然后，把出口和进口作为因变量，探讨其影响因素。大概值得一提的是，我们把政府政策变量加入了出口影响因素，并且找到了替代变量，做了数量分析。接下来，本书对产业结构与就业、投资与资本存量、城乡居民储蓄存款等宏观经济问题做了初步分析，得出了几个不成熟的结论。

本书由我做框架设计，广东外语外贸大学中国计量经济史研究中心的几个青年教师和硕士研究生协助我做了大量工作。各章撰写安排如下。

章节	执笔人
第一章　改革开放 40 年广州经济运行的历史与逻辑	刘巍
第二章　改革开放 40 年广州外贸、外资利用与经济发展	陈川（经济学博士，讲师）、刘巍
第三章　改革开放 40 年广州出口总量与结构	徐芳燕（统计学博士，讲师）、刘巍
第四章　改革开放 40 年广州进口总量与结构	陈丹（在读研究生）、刘巍
第五章　改革开放 40 年广州产业结构与就业量	黎泳（在读研究生）、刘巍
第六章　改革开放 40 年广州投资流量与资本存量	邓颖杰（在读研究生）、刘巍
第七章　改革开放 40 年广州城乡居民储蓄存款	林广维（在读研究生）、刘巍
总撰	刘巍

本书是广州国际商贸中心重点研究基地专项课题"广州宏观经济影响研究：历史、逻辑与实证"和广州市哲学社会科学发展"十三五"规划 2017 年度广州商贸中心研究基地课题"40 年来广州对外贸易与引进外资发展研究"（编号：2017–JD06）的最终成果。

刘　巍

2018 年国庆节

广州市南沙区名苑别墅

第一章　改革开放 40 年广州经济运行的历史与逻辑

　　广州处于北纬 22° 26′ ~23° 56′ 和东经 112° 56′ ~114° 03′，北回归线从北部穿过，广州为亚热带气候地区，雨量充沛，河流纵横，全年无霜，物产丰饶。广州位于中国南海之滨，珠江流经中心市后至珠江口汇入大海，是中国从古至今重要的对外贸易口岸，即使是古代最为封闭的时期，广州依然是"一口通商"的对外窗口。广州历史悠久，公元前 214 年建造的任嚣城是广州作为城市的肇始，到 2018 年已有 2232 年。广州曾是南越、南汉和南明三个地方性王朝的都城，也曾是历代郡、州、府、道各级地方政府的治所。1921 年，国民政府设立广州市，1930 年改为特别市，不久又重归广东省政府管辖。抗战胜利后，解放战争中又被改为直辖市（1947 年）。1949 年 10月广州解放，广州市作为特别市直属中央政府直至 1954 年，之后再度成为广东省省会。

　　1978 年，广州成为改革开放的前沿。1984 年 5 月，国务院决定开放广州在内的 14 个沿海港口城市和广东省海南岛地区，实行经济特区的某些政策。紧接着，广东省委和省政府决定把广州作为对外开放的前沿阵地和经济体制综合改革的试点。改革开放以来，广州经济总量、人均产出量和消费水平一直处于全国大城市的前列，是国内最为富裕的地区之一。研究广州市经济发展，探讨改革开放 40 年经济运行的逻辑关系和数量关系，是经济学界的重要工作之一，广州市的经济学人更是责无旁贷。

本章拟从历史和逻辑角度对 40 年广州经济变迁做简要讨论，后面的章节进入数量分析层面。

第一节 改革开放前的广州经济状况
——供给约束型经济遗产

中华人民共和国成立之后，历经十多年战争洗礼、满目疮痍的广州市经济社会方方面面都亟待恢复，经济建设举步维艰。广州市和全国一样，经历了三年经济恢复和"一五计划"的建设之后，经济大有起色，但是，"大跃进"运动和三年自然灾害打断了正常的经济建设节奏，国民经济陷入困境。接下来，广州市贯彻执行中央"调整、巩固、充实、提高"的国民经济发展方针，扭转了"大跃进"造成的经济困境，广州经济逐步得以恢复和发展。正当广州市顺利执行"三五计划"、经济增长形势向好之时，后来被称为"十年浩劫"的"文化大革命"运动出现在中国的历史舞台，正常的经济发展被再度打断。

一 工业生产

1966 年，"文化大革命"运动主要在文化教育和党政机关等上层建筑领域进行，对生产领域的负面影响还不是很大，这一年，广州的工业总产值比上年增长了 22.5%，劳动生产率比上年增长 16%（卢狄，2010b，第 493 页）。1967~1968 年，各种政治乱象对广州市经济建设产生了恶劣影响。1967 年，工业总产值完成了 30.1 亿元，是计划的 75%；1968 年继续下降，只完成了 23.24 亿元（卢狄，2010b，第 494 页）。

1969~1973 年，国内政治局势相对稳定一些，广州市工业生产走出低谷，开始在困境中回升。1973 年，广州工业总产值比 1965 年翻了一番。

1974 年，全国开展了"批林批孔"运动，高调宣扬"反复辟"和"反回潮"，这一年，广州工业生产受到严重影响，增速比上年下降一半（广州市统计局，1989，第 20 页）。

1975 年，邓小平主持中央日常工作，对国民经济进行全面整顿。广州市在新形势下开展经济建设工作，当年工业生产成效卓著，超额完成全年计划。但好景不长，1976 年开展了"批邓、反击右倾翻案风"运动，邓小平二次被打倒，全国经济再度陷入低谷。广州市交通运输瘫痪，原材料和燃料供应严重不足，上半年全市有 100 多家工厂处于停工或半停工状态，一些原本赢利的工厂，甚至一些轻工业企业，也由于生产秩序不正常而陷入亏损窘境（卢狄，2010b，第 496 页）。

二　农业生产

"文化大革命"开始后，广州和全国一样，在农村不断开展政治运动，批判"农村的资本主义倾向"，"割资本主义尾巴"。农业生产跟着政治运动的指挥棒走，瞎指挥和平均主义盛行，严重破坏了农村生产力。同时，农业技术推广工作受到严重冲击，公社农业技术推广站基本上被撤销，技术骨干大都受到批判，农业技术干部被送到"五七干校"劳动改造。1970 年以后，广州各区县才先后恢复农业技术推广站，但政治运动的冲击导致正常的农业科研活动难以进行。

因此，广州农业经济发展缓慢，农业总产出起伏不定。1967 年，广州市农业总产值比上年增长 6.91%，1968 年却比上年下降 8.41%，1969 年比上年增长 5.12%，1970 年又比上年下降 2.03%。1971~1973 年缓慢增长，1974 年增幅较大，达到 10.31%。这一年是"文化大革命"开始后农村收入分配最好的一年，社员人均收入为 118.7 元，比 1973 年增收 16.4 元；人均月口粮 45.2市斤，比上年增加 4.3 市斤（卢狄，2010b，第 499、502 页）。

在"文化大革命"运动中，片面追求"以粮为纲"，把其他副业视为"资本主义尾巴"予以割掉，广州市郊县林区乱砍滥伐成风，不仅林业副业受到严重负面影响，生态环境也遭到一定程度的破坏。

三 市场供求失衡严重

"文化大革命"期间，广州市国民经济遭到严重破坏，工农业商品生产不能正常进行，必然导致市场供求关系的严重失衡，广州市场上吃、穿、用、烧等各类商品日益短缺。因此，已经取消凭证定量供应的商品从1969年开始不得不恢复凭证供应。1970年，广州市区凭证供应的商品有33种，1975年增加到65种。1973年11月，广州市区有10多天猪肉处于半脱销状态。11月10日，生猪库存仅1400头，不足一天的供应量（卢狄，2010b，第508~509页）。由于生产资料和生活资料都呈现短缺状态，广州和全国一样，经济中呈现了采购员"满天飞"的局面。毫无疑问，直到改革开放之前，广州经济和全国其他地区一样，处于"供给约束型经济"态势下。

供给约束型经济，又可称为短缺经济，总供给小于总需求，经济增长的发动机在总供给一端。在供给约束型经济中，商品一般不会积压，即总需求没有问题，生产出来多少就能销售出去多少，并且还不能满足总需求。如果听任价格自由变动，则波动幅度会很大且价格走势不规则。在中国各地，往往实行某种形式的配给制度来抑制价格上涨的压力，大多数地区采用的是凭票（证）供应方式。

需要进一步分析的是，上文所说的"总需求没有问题"并不意味着这个社会多么富裕，购买力多么强大。恰恰相反，供给约束型经济社会由于总产出水平低下，分配到社会公众手中的购买力也是低水平的。从消费角度看，平均来说，家庭把所有收入都用于消费，也未必实现温饱。在中国城市中当年的情形是，各个家庭每月的收入到手后，一般是先储蓄很少的几块钱，或准备积攒一段时间后买个大物件（比如手表、自行车、收音机和缝纫机，这些所谓"四大件"都是凭券或证供应的），或以备不时之需应对突发事件。剩下的收入应对一个月的消费开销，生活能过到什么水平算什么水平。总之，消费需求没有问题是指，公众不会持币观望，除去一点点储蓄之外，全部收入都会购买消费品。从投资角度看，当年中国（广州也不例外）的情况是，由于从1956年社会主义改造完成之日起，在全民和集体两种所有制生产单位中就实行了计划经济制度，虽然在城市的大街上悬挂着"储蓄一元钱支援社会主义建设"的宣传画（不是广告），但是，寥寥城乡居民储蓄存款是干不成多大事的。绝大部分投资资金由国家财政预算安排，恐怕在初次分配之前就扣除了，这一政策一直延续到改革开放初期。总之，居民储蓄转化投资需求也是没有任何问题的。

从形式上看，国家财政安排投资似乎是有资金保证的，但是，由于总产出能力有限，毕竟还得保证最低水平的吃穿用和社会公共事业开支，尽管实行低工资制，尽管农民被严重剥夺，但国家财政安排的资金还是不能满足投资的需求，投资形成的资本存量增长率不高。总之，由于全社会储蓄（包括国家财政安排和居民储蓄）水平很低（尽管在GDP中占比较高），所以，转化为投资的水平也是很低的，总供给一端生产装备不足，总产出增长缓慢。

四 供给约束型经济的总供求均衡

1.短期均衡分析

在短期，总供给一端几乎是满负荷开工的，总需求增长拉动的主要是价格，而产量增长的幅度很小，总供给曲线的斜度应该是非常陡峭的。为分析方便，新古典经济学家往往将其描述为与横轴垂直。其实，这应该是新古典主义者对短期总供给曲线所做的简化，历史上（或当今某些不发达国家现实中）的总供给曲线斜度虽然很陡峭，但不可能与横轴垂直。事实上，总需求变动在拉动价格的同时，多少也能拉动一点产出，见图1-1。

在图1-1中，AS_0是新古典经济学的总供给曲线，我们称之为"极端的"；而AS_1则是实际的总供给曲线，我们称之为"通常的"。AS_1虽然陡峭，但还是有些斜度的，当总需求向上拉动时，价格涨幅远大于极其有限的产出增幅。在

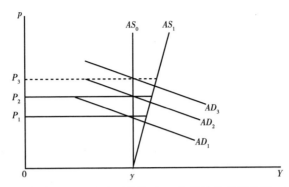

图1-1 极端的（AS_0）和通常的（AS_1）供给约束型经济 AS 曲线

新古典经济学家生活和工作的时代，欧美国家总供求态势也大都是供给约束型的，因此，他们的理论框架暗含的假定大都是短缺经济，在他们的文献中，大都将总产出既定作为理论框架的基本假设，凯恩斯（2004）在《就业利息和货币通论》（以下简称《通论》）一书的序、德文版序和日文版序中，都对此做了批评。但是，在当今许多著名的经济学教科书中，一些作者仍把总供给曲线与横轴垂直的图形称为"古典情形"。例如，多恩布什、费希尔　斯塔兹（2000，第80页）在诠释古典总供给曲线时，有这样的表述："古典总供给曲线是垂直的，说明无论是什么价格水平，供应的产品数量一样。"接下来，多恩布什、费希尔　斯塔兹用两个解析几何图描述古典曲线，见图1-2。

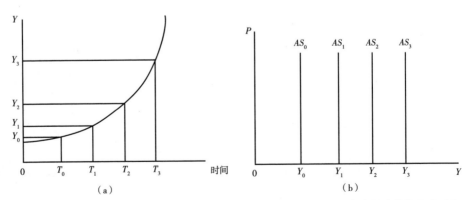

图1-2 多恩布什、费希尔　斯塔兹的"时间跨度上产量增长转化为总供给曲线的移动"

资料来源：多恩布什、费希尔　斯塔兹，2000，第80页。

毫无疑问，多恩布什、费希尔 斯塔兹教授认为图 1–2（b）中的古典总供给曲线会向右移动，并从 AS_0 逐次移动到 AS_3 的位置。那么，总供给曲线为什么右移呢？多恩布什、费希尔 斯塔兹教授的解释是，"经济积累资源并出现技术进步时，潜在 GDP 随时间推移而增长，因而古典总供给曲线右移"。我们认为，这样的解释不是十分清晰和准确，应该把原因落实到影响 AS 右移的主要影响因素上来。根据柯布－道格拉斯生产函数的逻辑分析，图 1–1 显然应该是资本存量不变或无显著变动时的情形，如果持续投资导致资本存量显著增长，总供给曲线就应该向右移动。也就是说，影响古典总供给曲线右移的主要因素是资本存量的显著增长。即，在图 1–2（b）中，随着时间的推移，资本存量有了显著增长，进而推动了短期总供给曲线从 AS_0 持续右移至 AS_3 的位置。

综上所述，我们是否可以这样认为，在供给约束型经济中，如果资本存量发生了显著的正向变动，就意味着总供给的一个短期结束，下一个短期开始。换言之，短期中资本存量不变（价格可变），见图 1–3。

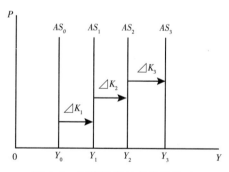

图 1–3 短期总供给曲线的移动

需要进一步讨论的是，短期总供给曲线在右移到一定程度时，即若干个短期之后，其斜度必将逐渐平缓，直至变成需求约束型经济中的总供给曲线。遗憾的是，中国在改革开放前后的一段时间里，短期总供给曲线在相当长的时间内始终属于供给约束型。直到 1996 年，中国的总供给曲线方显出需求约束性质（刘巍，2011）。由于总供给曲线斜度放缓的机理讨论是一个宏大的问题，限于篇幅，本章略去对总供给曲线斜度变化问题的分析。

2.长期均衡分析

接下来，我们讨论一下长期总供给曲线。在图 1-4 中，有三条短期供给曲线 AS_1、AS_2 和 AS_3（也可以更多），分别与总需求 AD_1、AD_2 和 AD_3 相交于 E_1、E_2 和 E_3 点。为分析方便，我们也使用新古典经济学家的简化形状。在任一短期中，由于总供给小于总需求，厂商开足马力生产，没有闲置产能，潜在供给等于有效供给，所以，总需求提升只影响价格而不会拉动产出量，如前所述，短期总供给曲线与横轴垂直。

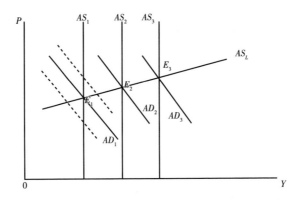

图 1-4 供给约束型经济中的短期和长期总供给曲线（单调增）

在供给约束型经济中，经济增长的途径是资本品投资导致资本存量显著增长，进而产能扩大，如 AS_1 右移至 AS_2，进入下一个短期，总供求在点 E_2 实现均衡，对应横轴上的产出量增长。如果没有其他负面因素的干扰，净投资不发生负增长，需求不因货币量变动或其他恐慌影响而出现异常波动，一条理想的长期总供给曲线必是向右上方倾斜的。

从时间角度考察，从 AS_1 右移至 AS_2 的时间也许长达数年，也许不到一年，这对总供给曲线短期的界定不重要，重要的是资本存量是否有显著增长。总之，从逻辑层面讨论，供给约束型经济的长短期划分不是以时间绝对长短为标志的，而是以投资是否显著改变产能（资本存量）来划分的。

把众多的短期均衡点 E 用平滑的曲线连接起来，就形成了长期总供给曲线 AS_L。图1-4中 AS_L 的形状是向右上方倾斜的。当然，这是简化的理想曲线，即产出和价格都是单调增的。实际上，经济运行中变量的走势会有许多波折，不可能是一条平滑的直线，如图1-5所示。

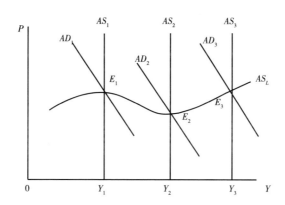

图 1-5　供给约束型经济中的短期和长期总供给曲线（不规则）

图1-5表明，各个短期的均衡点 E_1、E_2、E_3 并非如图1-4那样逐渐向上，即价格和产出并非同步上升的。因为每个短期中都是价格可变而产出不变，所以，各短期均衡点的平滑连线——长期总供给曲线 AS_L 的形状是不规则的。世界各国经济史数据也表明，供给约束型经济态势下的长期总供给曲线不一定是向右上方倾斜的，但也不是与横轴垂直的。图1-6、图1-7、图1-8分别是中国（1887~1936年）、日本（1885~1938年）和美国（1869~1896年）处于供给约束型经济时期的长期总供给曲线，横轴表示 GDP 指数，纵轴为价格指数。

当下，有不少学者认为新古典经济学中的"古典情形"是长期总供给曲

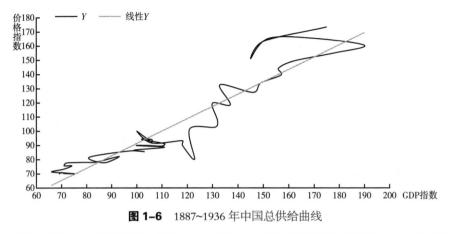

图1-6 1887~1936年中国总供给曲线

资料来源：GDP数据见刘巍、陈昭，2012，第107~108页；价格数据见王玉茹，1997，第23页。

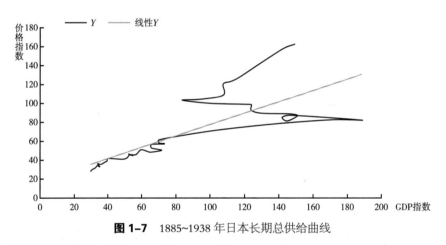

图1-7 1885~1938年日本长期总供给曲线

资料来源：刘巍、陈昭，2010，第142~146页。

线。若果如这些学者所见，长期总供给曲线是与横轴垂直的，即长期中产出不变，那么，就无法解释近代以来世界经济总量之翻番增长，也无法解释需求约束型经济是如何面世的了。

简言之，在供给约束型经济态势下，短期中供给曲线与横轴垂直（斜度相当陡峭），长期中，形状不规则。

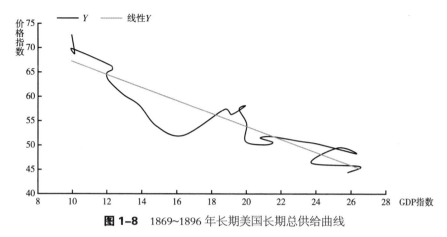

图1-8 1869~1896年长期美国长期总供给曲线

资料来源：弗里德曼、施瓦茨，1991，第144~145页。

第二节 从供给约束型经济向需求约束型经济转变

1976年10月9日，"四人帮"集团被粉碎，"文化大革命"十年动乱结束。广州各界群众连日上街游行，庆祝中国走出政治困境。但是，在粉碎"四人帮"之后的一段时间里，中共中央主要负责人依然坚持"两个凡是"的工作方针——凡是毛主席做出的决策，我们都坚决维护；凡是毛主席的指示，我们都始终不渝地遵循。这就使得拨乱反正和经济建设都呈现步履维艰的局面，事实上，"文化大革命"的错误指导思想依然占据着中国政治生活和社会经济的主导地位。

1978年5月11日，《光明日报》刊登了特约评论员文章《实践是检验真理的唯一标准》，广东新闻界政治嗅觉敏锐，12日，《广州日报》全文转载；13日，《南方日报》全文转载，推动了广州市和广东省开展真理标准的讨论，迎来了一次伟大的思想解放。1978年底，中共十一届三中全会在北京召开，中国改革开放的序幕渐渐拉开。农村家庭联产承包责任制、工业经济体制改革、外贸体制改革、投资体制改革、财政金融体制改革、价格闯关等重大举措全面铺开，中国经济迎来了百年未遇的大变革。在这场变革中，广州市是对外开放的前沿阵地和经济体制综合改革的试点地区。

一 供给约束型经济中的广州总供给曲线

广州市自改革开放起，各种经济举措促成了产能突飞猛进的增长，释放出长期被压抑的生产力。根据图 1-4 的逻辑，投资导致资本存量不断显著增长，产能越来越大。图 1-9 是广州市 1978~1996 年的总供给曲线，曲线的趋势基本上是一条向右上方倾斜的 45° 线。

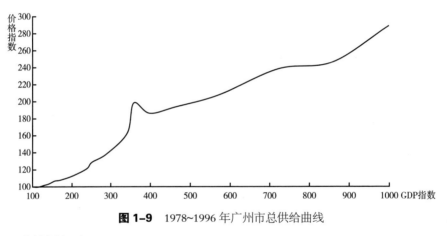

图 1-9 1978~1996 年广州市总供给曲线

资料来源：表 2-1。

通过与前面近代中国、近代日本和近代美国的长期总供给曲线比较可以发现，1978~1996 年广州市虽然也处于供给约束型经济态势下，但总供给曲线的形状大体比较规则，和图 1-4 的曲线形状类似。我们曾在前面讨论过，这种形状的总供给曲线是由价格总水平和总产出都是单调增的情况导致的，这和广州市，乃至全中国当时的情况基本类似。改革开放之后，生产力极大解放，产出不断增长。与此同时，价格改革也在进行中。在计划经济时期，价格被长期压制，处于僵硬的低水平状态。随着逐步由市场需求和供给决定，价格渐渐回归合理，价格总水平基本上处于升势。除 1988~1989 年通货膨胀被治理之后价格有所下降之外，近 20 年的价格走势基本呈单调增趋势。

二 供给约束型经济中的宏观经济运行

1. 逻辑线索

总需求与总供给相等时达到宏观经济均衡，见式（1–1）。这种均衡可能是总产出水平较低的，也可能是不断提高的。从经济增长的全过程来看，1978 年以来，广州市的宏观经济均衡是与总产出水平不断提高相伴随的。

$$C + I + G + X - M = AL^{\alpha}K^{\beta} \qquad (1\text{–}1)$$

式（1–1）中，C 表示消费，I 表示投资，G 表示政府购买，X 表示出口，M 表示进口，A 表示效率水平（包括技术进步和管理改善），L 表示劳动力数量，K 表示资本存量。考虑到广州市处于供给约束型经济（短缺经济）态势下，因此，式（1–1）是右端决定左端，即总需求被迫适应总供给，经济增长的"发动机"在总供给一端。即：

$$C + I + G + NX \leftarrow AL^{\alpha}K^{\beta} \qquad (1\text{–}2)$$

2. 从总供给侧观察

在供给约束型经济态势下，市场上的问题是有效供给不足，增加供给的主要途径就是增加资本存量。资本存量 K 是由投资流量 I 累积而成，研究的重心势必落实到 I 上。可见，投资是形成生产能力的经济活动，对于广州市的动态实力强弱和动态国民生活水平优劣而言，都是重要的源头，即研究投资的影响因素——资本金和资本品——是对这一阶段广州市宏观经济运行研究的重心所在。

供给约束型经济态势下投资影响因素的研究是一个重要的问题，投资函数的构建成为基本逻辑框架。在供给约束型经济态势下，广州市投资函数应该有如下几个基本前提：第一，短缺经济，需求不是问题，生产出来就卖得出去；第二，国际贸易顺畅，投资者可以在全球配置资本品；第三，货币供给体系运行正常，但资本市场缺失或不完善。

在上述前提下，投资取决于融资成本——利率。在资本市场完善时，利率应该是金融资产收益率；在资本市场不完善时，银行承担了储蓄转化为投资的中转枢纽角色，利率应该是银行贷款利率。在开放条件下则有：

$$I=f(i)+FDI \qquad (1-3)$$

3. 从总需求侧观察

在供给约束型经济态势下，总需求是被迫适应总供给的，也就是说，总产出决定总需求，过度需求只能产生通货膨胀。政府能够有所作为的就是调整总需求的结构，而对产出总量无能为力。从结构上看，总需求可分为消费需求、投资需求、政府需求和国外净需求4个部分。即：

$$AD = C + I + G + X - M \qquad (1-4)$$

（1）消费需求。在短缺经济中，消费需求在总需求中占绝对优势，但一般来说生活质量一般还是较低的。十一届三中全会之后，国家和地方政府高度关注人民生活水平的改善，多次给职工涨工资，但由于当时总产出水平不高，改善的程度有限。即使是这样，在改革开放初期，消费需求在总需求中所占比例依然是最高的。

（2）投资需求。前面讨论过投资在供给约束型经济中的重大作用，政府在供给约束型经济中所实施的各项政策一般都是促进投资的，即尽可能扩大投资需求在总需求中的占比。在本国总产出水平较低的情况下，吸引外资是比较快捷的提高资本存量的办法。同时，还有先进技术和管理效率的示范和扩散效应。

（3）政府需求。改革开放初期，政府需求的内容除了保障公共事业支出之外，预算的很大部分是投资，直至20世纪80年代中期"拨改贷"政策落地之后，国有企业才开始在市场上寻求资金。从这之后，政府财政的投资部分转为"逆风向"调节。

（4）国外净需求。广州是中国对外开放的前沿，是自古以来的重要对外贸易口岸。中央政府的开放政策落地之后，广州市的出口一直高歌猛进，为进口先进技术装备赚取了大量外汇资金。进口的先进技术装备又为投资提供了资本品。

4. 宏观经济运行的重要影响因素——货币供求

货币供求涉及投资的资金来源，改革开放伊始，包括广州在内的国企投资资金来自财政，似乎和银行以及金融市场关系不大；但是，在"大财政小银行"的体制下，银行是财政的出纳部门而已，财政投资就意味着货币供给量的扩张。"拨改贷"之后，银行信贷的作用凸显；1991年股票市场成立后，直接融资的比例迅速提高。但无论如何，银根的松紧都直接体现在货币供给量上。在需求约束型经济中，货币需求往往是高企的，融资成本的变化取决于货币供给量（M_s）的变化。

将前述研究思路整理，则有图1-10的总体框架。

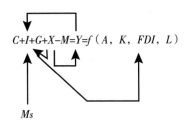

$$C+I+G+X-M=Y=f(A,\ K,\ FDI,\ L)$$

$$Ms$$

图1-10 1978~1996年广州市宏观经济运行逻辑

图1-10的逻辑关系表明：

（1）在供给约束型经济（短缺经济）条件下，总供给决定总需求，或可称为总需求被迫适应总供给。

（2）总产出由等式右端的生产函数决定，总产出取决于资本存量（包括外资）、劳动力数量和技术进步程度。

（3）数量不多的总产出的大部分都被消费需求吞噬，这是必须保证且应该不断改善的，是重大民生问题。总产出的一部分出口赚取外汇，保证一定规模的进口。

（4）投资是宏观经济运行的重要环节，其主要影响因素为资本金和资本品。政府预算安排的投资资金和公众的储蓄（收入中未被消费的部分）是投资的资本金来源，这一切都将体现为 M_s 的松紧程度。进口的生产装备是资本品的重要来源，也包括本土制造的资本品。

（5）在短缺经济中，资本存量一般不存在闲置情况，投资大都是有效的。净投资的增长决定下一期资本存量的增长，宏观经济运行得以循环，并且规模不断扩大。

第三节　有效需求不足与总供给结构优化

1996 年，广州实现了从供给约束型经济到需求约束型经济的转变。需求约束型经济，又叫订单经济，潜在总供给可以覆盖任何数量的总需求，那么，总产出究竟能有多少，取决于订单。当总供给与总需求产销对路时，经济增长的发动机在总需求一侧；当总供给的物理属性与总需求货不对板时，则需要总供给一侧做结构性调整。这种调整的规模有大有小，小规模的结构性调整市场自身就能完成，而大规模、深层次的调整则需要顶层设计。

一　需求约束型经济的短期总供给曲线

宏观经济学基本是以凯恩斯经济学为基础的，从凯恩斯著名的"有效需求不足"宏论逆推，宏观经济学暗含的前提假设无疑是"需求约束型经济"。宏观经济学设定的短期供给曲线先是与横轴平行，总产出实现充分就业的产量 Y^* 之后，总供给曲线出现拐点，然后与横轴垂直，见图1-11。

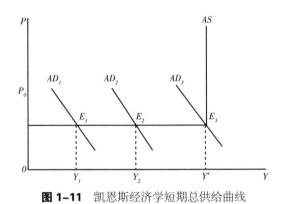

图1-11　凯恩斯经济学短期总供给曲线

图1-11表明，短期中价格不变，总供给曲线与横轴平行，总需求从 AD_1 提高到 AD_3，总产出便有与均衡点 E 对应的增长。但是，在 E_3 点，总供给曲线出现拐点，Y^* 是充分就业的产量，一个短期终结。如果总需求继续扩大——AD 曲线继续右移，便只有价格上涨而无产出增长。凯恩斯经济学短期分析的范围就是在 AS 曲线的拐点之左。多恩布什、费希尔　斯塔兹（2000，第79页）对图1-11曲线形状的解释是，"短期 AS 曲线是水平的（凯恩斯总供给曲线），长期 AS 曲线是垂直的（古典总供给曲线）"。毋庸讳言，我们对多恩布什、费希尔　斯塔兹的解释有一定的异议。

在图1-11中，AS 曲线拐点之后的与横轴垂直部分并非需求约束型经济的长期总供给曲线，而是连接上一个短期和下一个短期的供给曲线调整部分。和在供给约束型经济态势下一样，在需求约束型经济中，长期总供给曲线也不是与横轴垂直的，至少到目前为止没有这样的证据。在短期总供给曲线拐点左侧总产出增长的过程中，经济中各部门和各环节很难保证同步发展。同时，在总需求变动的影响下，某些物理属性的产品需求增长强劲，而某些物理属性的产品需求增长停滞或大幅下降。于是，或许在技术方面、劳动力方面、资源方面和制度方面会率先出现"瓶颈"状态。未必一定是达成"充分就业"才会出现总供给曲线拐点，而且拐点之后的总供给曲线也未必一定是与横轴垂直的（斜度可能比较陡峭）。详见图1–12。

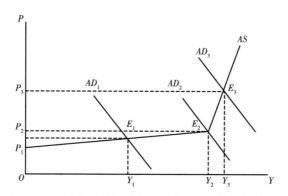

图1–12 需求约束型经济态势下接近现实的短期总供求

如图1–12所示，实际经济中总供给曲线的斜度虽然非常平缓，但不可能是完全水平的，和新古典经济学家一样，为简化分析，凯恩斯经济学也将曲线做成水平状态。在 *AS* 曲线拐点之左，随着总需求增长总需求曲线右移，价格水平涨幅不显著，总产出增幅显著。一旦总需求曲线右移到 *AD₂* 之后，方方面面的"瓶颈"效应累积到一定程度，总供给的问题就摆到明处了。统计数据就一定会拟合为经济增长率下降、价格涨幅可观（低高型）形态，或者是经济增长率很低、价格涨幅也很低（双低型）。当总需求曲线在总供给曲线的拐点之右达成均衡时，在总需求方面做文章的意义不大，而是需要一国经济当局对总供给做适当的调整。各国发展程度不同，人口资源环境不同，历史文化和制度安排不同，调整的政策也不尽相同，调整所需时间也不可能相同。

二 对中国长期总供给曲线的讨论

广州市的经济发展处于中国总体发展之中，受益于也受制于国家总发展战略。本节讨论全国需求约束型经济长期总供给曲线，意在分析其中的逻辑，广州市的总供给曲线在下一章中详细讨论。

从长期宏观经济运行角度观察，正确的逻辑应该是，在总供给结构做了充分的调整之后，进入下一个短期。依此类推，众多短期组成长期，如图1-13所示。于是，我们重申自己的判断，在需求约束型经济态势下，长期供给曲线应该是向右上方倾斜的，不应该也不可能是与横轴垂直的。

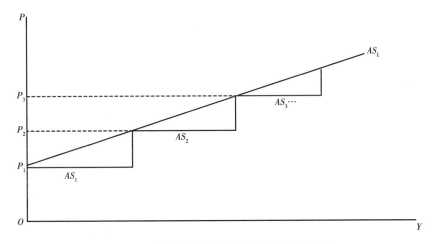

图1-13　短期总供给曲线和长期总供给曲线

图1-13中，$AS_1 \sim AS_3$ 是图1-14的简化版，把连续的各短期起点（价格拐点）用平滑的曲线连接起来，就是长期总供给曲线。从逻辑角度分析，需求约束型经济的短期和长期不在于时间长短，而是以价格水平发生显著变化为划分的临界点。短期中，资本存量和产出是有一定（或较大）变动的。显然，这和前面讨论过的供给约束型经济的特点恰好相反。我们用中国1996~2017年的数据做出总供给曲线，见图1-14。

中国经济刚进入需求约束型经济态势，就遭遇了亚洲金融危机的考验，外需急剧下降。在政府多方努力下，拉动内需政策卓有成效。从长期 AS 曲线的形状观察，在受亚洲金融危机影响的几年中，1997~2002年价格总水平基本没有显著变动，总供给的增长率较前虽有所下降，但环比指数稳定在

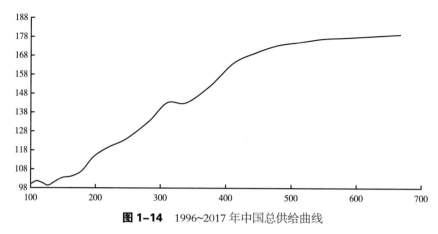

图 1-14 1996～2017 年中国总供给曲线

注：横轴是 1996 年为 100 的 GDP 定基指数，纵轴是 1996 年为 100 的价格指数（GDP 平减指数）。
资料来源：根据国家统计局网站（http：//data.stats.gov.cn/easyquery.htm?cn=C01）数据计算。

8% 左右，没有发生大幅度下滑。从 2003 年起，总供给曲线基本上是一条向右上方倾斜的曲线。2008 年金融危机以来，中国经济增长率有所下降，近年来尤为明显，于是，政府根据总需求的变化对总供给结构实施了一系列改革措施——"供给侧结构性改革"。其实，自从中国进入需求约束型经济以来，供给一端总是随总需求的变化在调整。回头盘点一下，20 世纪 90 年代的时尚产品今天还有几样？在各短期中被总需求逐渐淘汰的有多少（如双卡收录机、盒式磁带、胶卷照相机、MP3，等等）？今天的时尚产品刚问世几年？因此，当下的"供给侧结构性改革"是先前总供给结构调整的继续，前后的区别在于，先前的调整容易一些，当下的结构性改革艰难一些；先前的调整大都可以由市场自发进行，当下的调整需要顶层设计。从易到难，从简到繁，中国总供给的结构性调整任重道远。作为一个经济大国的总供给，面对着国内需求和国外需求两个组成部分，而且，无论哪个部分都是重量级的，都不容忽视。随着总需求的不断变化，在任何一个短期向下一个短期过渡时，中国的供给侧都会面临结构调整问题。

不可否认，2008 年美国金融危机之后，中国 GDP 增长率（见图 1-16）呈下降趋势，短期内的总需求拉动产出的能力减弱。这既有总需求曲线右移的动力不足问题，也有供给侧的"货不对板"问题。于是，学界对中国经济走势的各种估计见仁见智。我们使用 1996 年需求约束型经济以来的数据，对20 多年的经济趋势做图，以便进行初步讨论。见图 1-15。

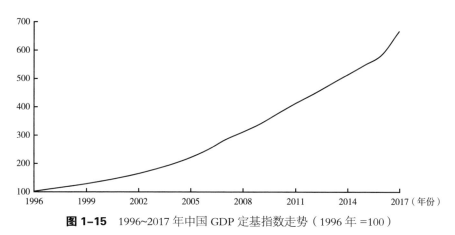

图 1-15　1996~2017 年中国 GDP 定基指数走势（1996 年 =100）

注：横轴是年份，纵轴是以 1996 年为 100 的 GDP 定基指数。

资料来源：根据国家统计局网站（http：//data.stats.gov.cn/easyquery.htm?cn=C01）数据计算。

图 1-15 表明，20 余年来中国经济翻两番有余，GDP 走势和趋势始终都是向上的，并不存在总量的拐点。因此，总量层面的悲观判断是缺乏证据的。从总量角度观察，不存在 2016 年权威人士指出的中国经济 L 形走势现象。那么，L 形走势究竟是从哪个角度进行的判断呢？我们再利用 GDP 环比指数做图，观察各年份的经济增长率走势，见图 1-16。

若将纵轴数据改为经济增长的百分点（如 6.9、7.3、7.8…），曲线形状不变。从图 1-16 中观察到，在亚洲金融危机后的几年中，中国经济增长率走出了一个向左倾斜的小 L 形曲线，2002 年之后便一路向右上方倾斜，2007年达到峰值。2007~2010 年，呈现为反向的 J 形曲线。从 2011 年起，中国经济增长率便逐年下降，基本上呈现向右下方倾斜的态势，2010 年经济增长率为 10.6%，2015 年仅比上年增长了 6.9%。再考虑 2016 年增长率为 6.7%，曲线似乎确实呈横向走态势，GDP 增长率走势确有不规则的 L 形苗头。但是，

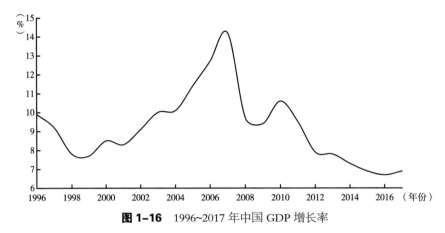

图1-16 1996～2017年中国GDP增长率

注：横轴为年份，纵轴为1996～2017年GDP增长率（环比指数）。
资料来源：国家统计局网站（http：//data.stats.gov.cn/easyquery.htm?cn=C01）。

2017年经济增速为6.9%，高于外界预期，这也是中国近7年来经济首次加速增长，经济增长率的走势尚待观察。

综合对图1-15与图1-16的讨论，我们认为，说当前中国经济增长率走势有L形曲线的苗头尚可，至于说中国经济走势呈现L形则是完全缺乏证据的，至少表述是有不严谨之处的。

三 对美国和日本长期总供给曲线的讨论

诚然，中国需求约束型经济的经历相对较短，本书将参照美国和日本等经济大国同一性质的历史经验做初步判断。我们曾对美国、英国和日本的总供求态势做过考察，结论是：美国于1919年进入需求约束型经济；英国至晚在19世纪70年代进入需求约束型经济；日本在1950～1955年进入需求约束型经济，"经济泡沫"崩溃之后，"新供给约束型经济"态势渐渐显露，在此不做深入讨论。由于没有做更多的研究，我们对其他国家进入需求约束型经济的时点没有足够的把握。限于篇幅，本节仅用当今世界经济中的重要国家美国和日本相关时段的总供给曲线与中国做初步的比较。

1. 美国需求约束型经济态势下的总供给曲线

我们选用 1960~2000 年时段的数据，观察美国总供给曲线的形状（见图 1-17）。从图 1-18 可以看出，美国在这一时段发生了两次持续两三年的负增长和一次短暂的负增长（数据表明发生在 20 世纪 70 年代中期、80 年代初和 90 年代初），致使长期总供给曲线有三个异常段，其余时间都是中低速增长，曲线呈现正常形态——向右上方倾斜，和中国长期总供给曲线的形状基本一致，支持我们前面所做的逻辑分析。

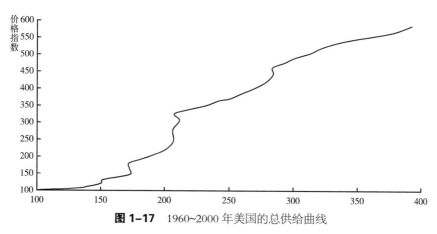

图 1-17　1960~2000 年美国的总供给曲线

注：横轴是以 1960 年为 100 的 GDP 定基指数，纵轴是以 1960 年为 100 的价格指数。
资料来源：根据刘巍、陈昭，2012，第 178~179 页表 5-1 数据计算。

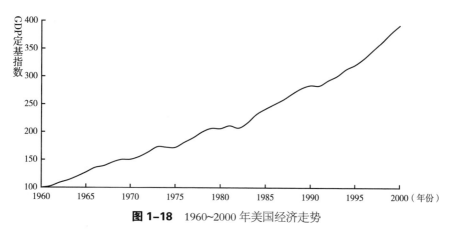

图 1-18　1960~2000 年美国经济走势

资料来源：根据刘巍、陈昭，2012，第 178~179 页表 5-1 数据计算。

和前面对中国经济增长率变动趋势的观察一样，我们也对美国的情况做同样的讨论。从图1-19中可以看到，从长期来看，和中国相比，美国经济增长率的时间曲线形状更不规则，基本上是10年一波，说是M形的波段也行，说是W形的波段也可。年增长率波动幅度较大，均值为3%~4%。

2.日本需求约束型经济态势下的总供给曲线

我们选取日本1955~1991年的数据做图（见图1-20），讨论其需求约束型经济时期的总供给曲线特点，并与中国总供给曲线做比较。

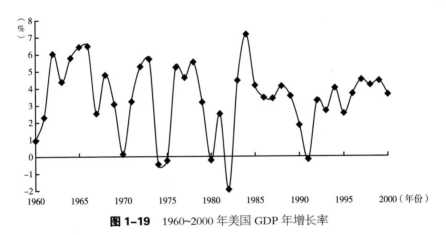

图1-19 1960~2000年美国GDP年增长率

注：横轴是年度时间，纵轴是GDP年增长率（环比指数）。

资料来源：根据刘巍、陈昭，2012，第178~179页表5-1数据计算。

从日本总供给曲线的形状来看，以1974年的负增长为界，可分为前后两个阶段。1955~1973年，经济高速增长；1974~1991年，经济增长乏力，20世纪80年代之后"经济泡沫"不断加剧。但总体来说，总供给曲线基本上是向右上方倾斜的，和中国、美国需求约束型经济态势下的总供给曲线特征没有本质差异。

图1-21是1955~1991年日本经济走势。从曲线形状看，除20世纪70年代中期有波动之外，其余各年都保持了增长态势，与中国和美国的GDP走势基本一致。

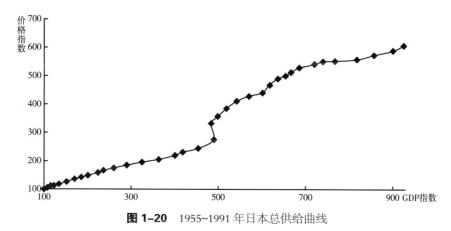

图 1–20 1955~1991 年日本总供给曲线

注：横轴是以 1955 年为 100 的 GDP 指数，纵轴是以 1955 年为 100 的价格指数。
资料来源：根据日本内阁府官方网站发布的原始数据计算（详见 http：//www.esri.cao.go.jp/en/sna/data/kakuhou/files/2009/23annual_report_e.html）。

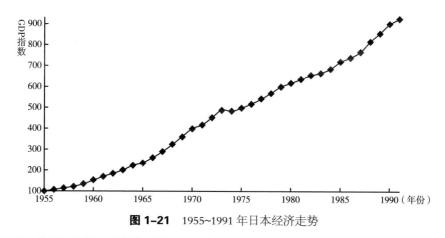

图 1–21 1955~1991 年日本经济走势

注：横轴表示时间，纵轴表示以 1955 年为 100 的 GDP 指数。
资料来源：根据日本内阁府官方网站发布的原始数据计算（详见 http：//www.esri.cao.go.jp/en/sna/data/kakuhou/files/2009/23annual_report_e.html）。

　　最后，我们观察一下日本经济的 GDP 增长率走势（见图 1–22）。与美国不同的是，日本前 19 年高速增长，波动幅度较大，年增长率平均在 7.2% 左右，增速远高于美国；后 17 年中低速增长，波动幅度较小，年增长率平均在 3.9% 左右，也高于美国。

　　从中国、美国和日本的案例来看，在需求约束型经济态势下，不仅 GDP

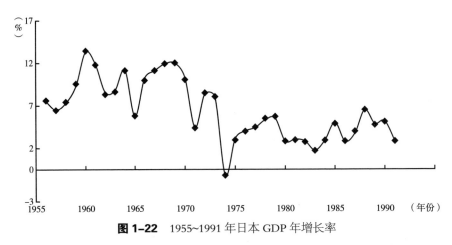

图 1-22 1955~1991 年日本 GDP 年增长率

注：横轴表示年份，纵轴是 GDP 年增长率（环比指数）。

资料来源：根据日本内阁府官方网站发布的原始数据计算（详见 http://www.esri.cao.go.jp/en/sna/data/kakuhou/files/2009/23annual_report_e.html）。

年增长率持续单调增是个奢望，就连持续高位走平都是没有历史证据支持的。进入需求约束型经济之后，1996~2010 年中国经济年增长率平均在 8.7% 左右，高于日本和美国。从 2011 年起，经济增长率连续 6 年单调减，2016 年跌至 6.7%，2017 年增长率微升至 6.9%，年均增长率在 7.7% 左右。虽有 L 形走势的苗头，但增长率仍高于日本和美国。2018~2019 年，若经济增长率与上年持平，L 形趋势有确立的可能；若增长率显著下降，则增长率曲线继续下探，走势不定；若增长率显著超过上年，则有 V 形反转的希望。但参照美日两国的经验，无论何种形状的曲线确立恐怕都是短暂的，长期中会发生不规则波动，甚至出现负增长情况。中国的经济体量越来越大，现已是世界第二大经济体，当今增长率的一个百分点相当于过去增长率的几个百分点。况且，巨大的总需求是来自国内和国外两个部门的，不确定性因素较多。我们先不考虑多变的国际市场，即使在封闭假设下，伴随总收入和人均收入的增长，越来越多的人从"想买却买不起"群体进入了"没什么好买的"的群体，边际储蓄倾向会持续上升，总需求对总供给的物理属性会越来越挑剔。于是，实施供给侧结构性改革，从而诱致总需求增长的任务就越重。在需求约束型经济中，总产量决定于订单量，在没有国内外突发事件时，订单增量持续下降的原因之一必定是总供给缺乏新亮点，[①] 不能吸引总需求增长，供给侧结构性改革的紧迫性凸显。我们可否将年 GDP 增长率走势作为供给侧结构性改革的信号和改革效果显著与否的考量尺度？这大概对中国经济发展更有利。诚然，从实施供给侧结构性改革到经济增长应该是有一定时滞的，有关管理部门和学界应该有足够的耐心。

四 需求约束型经济态势下的宏观经济运行

在需求约束型经济态势下，经济增长的发动机是总需求，如果把政府需求（购买）分解，分别并入消费和投资，那么，消费、投资、出口就是经济增长的重要影响因素了。凯恩斯主义对此有深入的分析，中国进入需求约束型经济之后，在宏观经济调控政策上也一贯重视"三驾马车"的作用。但是，我们认为，无论是凯恩斯主义模型还是"三驾马车"论，都对投资影响因素问题的分析存在着一个逻辑误区，即认为投资与消费和出口是独立的关系。而且，从这个误区出发，会对宏观经济运行的逻辑和调控政策产生不良影响。本部分从凯恩斯的投资函数入手，做个简单的讨论。

1. 对凯恩斯投资函数前提假设的讨论

凯恩斯写《就业、利息和货币通论》（以下简称《通论》）是为了探索西方国家 1929 年大萧条的解决之道。凯恩斯认为，在消费倾向稳定的情形下，社会总消费增加量不及社会实际收入增加量，为使企业家不蒙受损失和维持既定的就业量，需要有足够数量的现期投资补偿总收入多出总消费的那一部分，所以有效需求充足与否关键在于现期的投资数量多少，投资数量取决于投资的诱导因素——资本边际效率和利率。考察大萧条时期的美国和欧洲主

[①] 当然，总需求方面也不是没有问题。例如，收入分配不合理会造成"想买却买不起"群体的规模过于稳定或扩大；银行消费信贷业务不发达会导致"想买却买不起"群体推迟购买耐用消费品。这方面的问题不是本书的重点，暂不讨论。

要国家的宏观经济运行环境，工厂生产的产品大量积压，大量机器停止运转，显然当时产品消费通道受阻，而产品的供给毫无问题，所以，凯恩斯投资理论的真实社会背景是有效需求不足，显然是需求约束型经济体所患的病症。有效需求不足时，只要有客户的货物订单，工厂就有投资生产的动力，否则投资生产活动只会造成进一步的产品积压，因此需求约束型经济又可以被称为"订单经济"。

凯恩斯的《通论》1936年出版时，正值美欧大萧条临近尾声。不难看出，凯恩斯的研究过程与大萧条的时间交集很大，也就是说，凯恩斯推导投资函数时，书斋之外的市场显然处在"订单经济"体系中。但是，从凯恩斯学派对投资函数的逻辑分析层面观察，凯恩斯给出的投资函数暗含的前提假设应该是"销售没有问题"，即产品最终都能被消费掉，这样的逻辑只有在工厂源源不断地接收到订单时才正确，否则，我们认为在"订单经济"中投资函数必须要包含影响产品最终消费的因素。按照《通论》中凯恩斯原有的逻辑，投资受资本边际效率（即预期利润率）MEC和利率r的共同影响。MEC是产品需求的影响因素，即在产品可以全部售出（需求没有问题）的条件下厂商的心理预期；r反映融资成本，即厂商以外源融资方式进行投资的利润多大比例可归自己所有。但是，凯恩斯并没有将资本边际效率这一投资诱导因素作为自变量放进投资函数中，却将投资函数形式定为 $I = f(r)$，其中I为总投资，r为利率，总投资成了利率的一元函数。[①] 也就是说，凯恩斯投资函数只考虑厂商的融资成本，而认为预期利润率短期内变化不大，显然，暗喻着短期内公众对产品的需求既无多大变化，同时，需求也是充分的——基本可以覆盖供给量。

如此看来，虽然凯恩斯《通论》一书整体上要解决有效需求不足的问题，但在投资影响因素分析层面，暗含的前提假设却是有效供给不足——供给约束型经济，这与当时的"订单经济"社会背景不相符，得出的私人投资函数

---

① 利率是厂商的融资成本的决定因素，也就是说凯恩斯最终的投资函数的经济含义是：总投资量只受厂商的产品供给端限制，而产品销售通道的终端——消费是始终不存在任何问题的。

必然会有逻辑不通之嫌。凯恩斯对利率影响投资这一论点持有非常乐观的态度，在《货币论》一书中，凯恩斯认为利率足够低时具有无限投资机会。这一逻辑在大萧条发生之前，与新古典经济学家的供给约束假设是一致的，即供给可以完全被需求覆盖。在《通论》一书中，凯恩斯颠覆了新古典经济学的假设，发现并提出了有效需求不足问题，全部分析都围绕着拉动需求而展开。从《通论》这一理论体系出发，凯恩斯将厂商的投资需求定义为总需求的一个重要部分，但是，在分析投资影响因素时却回到了《货币论》的思路（新古典经济学的思路）——降低利率和恢复借款人与贷款人的信心。综上所述，凯恩斯投资函数暗含的假设是供给约束，得到供给约束型经济时代经验的支持是应该没有问题的，但是，在"潜在供给"远大于有效需求的需求约束型经济时代却无法得到经验的证实。

不同历史阶段经济增长的前提条件十分重要，因为只有在正确的前提条件下，才能建立起正确的逻辑分析框架，这也是得出正确结论的必要条件。从经济学说史的理论模型反推，古典经济学理论研究的上位前提假设应该是供给约束，即经济增长的发动机是总供给，理论模型中的变量均为影响总供给的因素。[①] 而凯恩斯经济学研究的上位前提假设是需求约束，经济增长的发动机是总需求，理论框架中的自变量应为影响总需求的因素。尽管凯恩斯投资理论的前提是有效需求不足，但他最终摒弃了资本边际效率这一影响，不经意间将投资函数的前提误设为有效供给不足，不但投资函数的前提与整个理论体系发生了矛盾，更与他所处时代的经济现实相背离。

2. 对凯恩斯投资函数逻辑的修正尝试

凯恩斯的有效需求理论体系属于短期的静态分析，其总需求仅包括消费和投资，短期内的有效需求不足关键在于社会总消费不足，因为在边际消费倾向稳定的情形下，人们的总消费增长总是不及实际总收入增长，因此只

---

① 有关经济运行中的"上位前提假设"详见刘巍，2012。

能靠社会总投资来补足。总投资取决于两个投资诱导因素——资本边际效率（*MEC*）和利率（*r*）。凯恩斯所说的资本边际效率实质上是添加了时间因素和心理因素的预期利润率。凯恩斯认为 *MEC* 和 *r* 是彼此独立被决定的——前者取决于厂商对未来收益的预期和对投资前景的信心状态，后者取决于货币供给和人们的流动性偏好。*MEC* 随着总投资量的增加而递减，短期中是因为资本品供给价格上升，长期中是由投资的预期收益递减导致。凯恩斯认为，由人们的心理预期和信心状态决定的 *MEC* 这一投资诱导因素极易变动，因此可以从利率角度影响总投资，从而将总投资函数定为 $I = f(r)$，于是凯恩斯投资函数成了市场利率（外源融资时厂商融资成本决定因素）的一元函数，且二者呈负相关——融资成本越低投资越旺盛，其政策意义在于：宽松货币政策压低市场利率，促进私人投资。但是大萧条以来的欧美各国的经验数据并不支持该逻辑，利率作为融资成本决定因素之一，对投资的确有着不可忽视的影响，但是根据各国经验数据分析，很明显在"有效需求不足"前提下函数中缺少更重要的自变量，而在厂商融资便利的情况下，利率的影响甚至可以忽略不计。

一切生产的最终目的，都在于满足消费者的消费需求，否则生产出来的产品毫无意义。20 世纪欧美主要国家（地区）的对外贸易市场业已成熟，我们以产品的最终走向为分析起点，将产品最终消费群体分为国内消费 *C* 和国外消费（即出口）*X*，无论哪一部分消费量增加都会对带动新一轮的投资活动起到一定的促进作用。因此，我们认为，对于一国产品的国内消费 *C* 与国外消费 *X* 均与总投资呈正向关系。

再看投资，一国的总投资大致可分为三大部分：消费品厂商投资 I_1、资本品厂商投资 I_2 和资源品厂商投资 I_3。[①] 通常来说，在开放经济条件下，一国的消费品、资本品和资源品除了本国消费和使用以外，还要出口一部分供国外消费和使用，按照本书的逻辑思路，*C* 和 *X* 对 I_1 有拉动作用，*X* 对 I_1、I_2 和

---

① 这三部分并非完全独立，互相之间有交集存在，比如，有的商品既是消费品又可作为某一阶段投资活动中的资本品。

I_3 均有拉动作用。同时，无论哪一部分投资活动，利率对于"外源融资"的企业来说都是融资成本的重要决定因素之一。于是，消费、出口和市场利率成了总投资的三个决定性因素。[①]

我们将以上投资影响因素的传导机制总结为图 1–23。

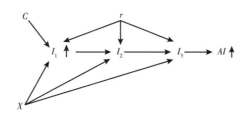

图 1–23　消费和投资的传导机制

注：C 为国内消费，X 为国外消费（出口），I_1 为消费品厂商投资，I_2 为资本品厂商投资，I_3 为资源品厂商投资，AI 为总投资，r 为市场利率。

图 1–23 表明，在封闭假设下，消费是启动器，消费增长是 I_1 的促进因素。试想，无论何种消费品，如果根本无人问津，消费品厂商不要说增加投资了，就连企业生存都成问题。消费增长导致的 I_1 增长，会导致 I_2 的增长。因为消费品厂商并不会制造机器设备，必须向资本品厂商订货购买，这是促进资本品厂商投资的重要影响因素。同理，资本品厂商自己也不会生产必需的资源品，如金属、非金属等，必须向资源品厂商订货购买，于是拉动了 I_3。在开放条件下，我们加入了出口需求变量。出口与消费不同，商品属性更为宽泛，可以包括消费品，也可以包括资本品和资源品（这两类商品可能占比更大）。于是，从理论上来说，出口可以在所有层次上拉动本国的投资。这样，在开放经济中，C 和 X 就是影响 AI（总投资）的重要因素，这两个变量的增长或预期增长，为厂商投资提供了必不可少的冲动，即出现了"赚钱机会"。众所周知，现代经济的融资方式主要是

[①]　我们这里所说的利率必须同凯恩斯《通论》中的利率含义保持一致，指的都是有价证券收益率。

"外源融资"，一旦出现了"赚钱机会"，厂商就会去"找钱"。然而，"找来的钱"不是免费的，厂商必须向出资人付出代价——利息（或红利）。经济学中付息水平的高低是用利率表示的，这恰好可以和各行业平均利润率做比较。假定某行业的平均利润率是14%，如果资本市场上的利率也是14%，显然，就算"赚钱机会"再大，大多数厂商也不可能投资，因为那是徒劳的，只有平均利润率水平远高于利率的少数厂商可以投资。于是，市场利率越低，可以获利的厂商越多，高水平的厂商赚的越多。也就是说，在其他条件具备时，投资是市场利率的减函数。

综上所述，我们将总投资函数修正为：

$$I=f\,(\,C,\ X,\ r\,) \tag{1-5}$$

即总投资是国内消费 C、出口 X 的增函数，是市场利率 r 的减函数。从逻辑角度做初步判断，三个变量对投资的重要性应该是按国内消费、出口、市场利率降序排列的。

在本节的分析过程中，有两个问题需要进一步说明和讨论。

第一，必须说明，我们对总投资层次的划分可能过于简略，总投资中大概不仅仅只包含消费品厂商投资、资本品厂商投资和资源品厂商投资这三个层面。但是，划分到这个程度已经满足了本节的分析需要，所以到此为止。

第二，从总量角度讨论，消费和投资似有统计意义上的此消彼长关系。具体来说，在产出总量一定时（简化起见，以两部门为例），有：

$$Y = C + I \tag{1-6}$$

按式（1-6）国民经济核算的统计学逻辑，消费不足时应以拉动投资的方法保证产出不下降或增长，即通过增加投资来解决供求矛盾和就业不足的问题，投资决定消费，甚至是投资决定投资，需求管理基本演变成了投资管理。

本节理出的消费决定投资之传导机制也曾在很多场合受到质疑，在此，我们做一初步讨论。

众所周知，生产过程是连续的，以一年为例，总产出是年内诸多生产周期中产出量的总和。为简化分析，我们假定一年之内只有两个生产周期 t_1 和 t_2。假设 t_1 的有效消费下降，消费品出售困难，厂商的库存急剧增加。在国民经济核算体系中，库存算作投资——厂商自我购买。[1] 这似乎是投资弥补了消费不足，但接下来，在 t_2 中，消费品生产厂商首先要去库存，本周期就要减产（库存虽在本期出售但不算本期的产量，因为上期已经统计过了），固定资产投资意愿减弱或暂停，在足够的时间里，这种不良后果必然会传递到资本品和资源品生产厂商，t_2 的产出就会下降，本年度的总产出必会受到一定的负面影响。假如消费需求下降不算太严重，可能会导致 GDP 环比增长率下降；假如消费需求下降严重，如 1932 年的美国——牛奶往河里倒、大量牲畜被宰杀就地掩埋、大量的棉花不摘烂在田里……那么，出现严重的负增长则是必然的。

综上，式（1-6）中的消费和投资此消彼长是统计学事后核算的技巧，不是经济学的因果关系。在封闭条件下，投资是一定要消费拉动的；在开放条件下，应该进一步考虑出口。同时，消费拉动的未必都是本国投资，因为必须考虑进口变量的影响，不仅消费品可以进口，而且，三个投资层次都可能有进口。于是，投资对消费的敏感性就会有一定的折扣，一定时期有一定的弹性。显然，这是个实证问题，本节只做逻辑分析。

第三，还有一个近乎纯想象的质疑：如果消费增长到等于总产出，何来投资呢？我们认为，这是一个不可能出现的现象，即使在供给约束型经济态势下有可能，但在需求约束型经济态势下绝无此可能。经济学虽然使用数学分析工具，但经济学毕竟不是数学，经济学的函数、自变量都有经验的定义域和值域，不可能出现数学中常用的正负无穷大。我们从供给和需求两个方

---

[1] 在实践中，由于某些消费品和资本品难以区分，所以，只能按购买者身份界定——自然人购买算消费品，法人购买算资本品。例如，私人购买的小轿车显然算消费品，而出租车公司购买的小轿车则无疑算作资本品。

面来回答这一质疑。

首先，从供给角度观察。市场经济国家经过多年的竞争和淘汰，各自建立了一套包含各行业与各层次的生产体系，资本品不是同质的，生产挖掘机的资本品不能生产皮鞋，而且，资本品的转换——即厂商转行——也有较大的时间滞后性。因此，总供给的这一性质制约了消费需求无限增长的幼稚想象。

其次，从需求角度观察。在世界各国先后所经历的 100 多年需求约束型经济中，消费需求总量在总收入中的占比从来没有也不可能提高到 100%。从结构上看，富人和中产阶级的占比更低，低收入者的消费需求在收入中的占比会较高。历史经验表明，除"二战"后的日本和北欧等少数国家之外，绝大多数国家的基尼系数都不低，也就是说，国民收入分配不公是普遍现象。富人和中产阶级的消费需求在收入中的占比低，基本上决定了总量上存在着"买得起但没什么好多买的"的现象——储蓄总量递增。20 世纪 20 年代分期付款等形式的消费信贷在美国盛行——把富人的储蓄借给中低收入者使用，在此后大多数年份中，市场经济国家借此解决了（或推迟了）消费下降的问题，消费信贷推动消费、消费拉动投资基本成了体现在统计数据中的经验。于是，金融部门成了维护经济持续增长的中枢，同时，历史经验也表明，欧美主要国家进入需求约束型经济态势之后，历次重大经济危机首先表现为金融危机。

3. 需求约束型经济态势下的宏观经济运行

以修正后的投资函数为核心，我们尝试归纳了需求约束型经济态势下宏观经济运行的基本传递机制，见图 1-24。

图 1-24 表明，在封闭假设下，消费不仅是总需求的一个重要部分，而且消费需求还能够拉动消费品厂商投资。在需求约束型经济中，消费者的订单是最重要的投资影响因素。消费品厂商在订单增长的情况下要追加投资，从资本市场上获取固定资产投资资金，从商业银行体系获得流动资金贷款。但是，消费品厂商自己不能生产资本品，获得投资资金之后要向资本品厂商订

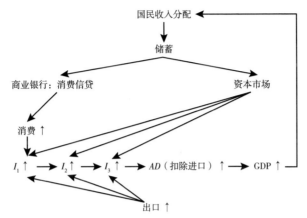

图 1-24　需求约束型经济态势下宏观经济运行的基本传递机制

注：I_1 为消费品厂商投资，I_2 为资本品厂商投资，I_3 为资源品厂商投资；商业银行体系给出口商提供的出口信贷和给生产厂商提供的流动资金贷款暂略。

货。同理，资本品厂商自己也不生产资源品，需要向资源品厂商订货。同时，资源品厂商的生产设备要向资本品厂商订货。如果消费低迷，势必造成投资的低迷。在银行信贷功能完善的条件下，商业银行的消费信贷作用显现，从经济运行的源头——消费开始拉动经济。世界经济史证明，中低收入群体数量越大，消费信贷的作用越大（不可否认，金融风险同时也会加剧）。于是，消费和总投资的增长，决定了总需求的增长，进而产生了增长的 GDP。通过国民收入分配之后，新一轮储蓄产生，宏观经济运行的新周期开始。

在开放条件下，由于出口品既可以是消费品，也可以是资本品和资源品，所以，出口可以拉动消费品生产厂商、资本品生产厂商和资源品生产厂商三个层面的投资。如果商业银行体系还能适时向出口商提供信贷支持，则出口更为顺畅，出口拉动投资的效应更为显著。同时，在开放条件下有出口必有进口，消费需求或投资需求中必有一部分购买了外国商品，这部分支出拉动了外国 GDP，因此，要在本国总需求中扣除。

第二章 改革开放 40 年广州外贸、外资利用与经济发展

　　从 1978 年到 2018 年，中国改革开放走过了 40 年，在此期间，广州作为改革先锋与窗口城市，经济发展突飞猛进，这其中所蕴含的历史经验值得考察和总结。广州的地理状况决定了它外向型经济的发展特色，因此，外贸与外资对广州经济的贡献不容忽视。近年来，许多学者对此问题都曾深入研究过，并且成果颇丰，代表性文章有陈万灵和邓玲丽（2013）、程鹏和柳卸林（2010）、李晓峰和郑柳剑（2010）等；但作者似乎都忽略了改革开放后广州经济总供求态势的转变。考察世界经济的发展历程，各国都经历了从"供给约束型经济"向"需求约束型经济"的深刻转变：供给约束型经济是短缺经济或极端的卖方市场，其生产能力短缺、产品供给不能满足社会需求，经济增长的动力在于供给一侧，而资本存量是决定经济产能增长的关键因素。需求约束型经济是订单经济，或称买方市场，其特点是资本存量非常充足，供给能力远大于有效需求，而供给方究竟生产多少产品则完全取决于订单的数量，即总供给被迫适应总需求，经济增长的动力转到需求一侧。本章将改革开放 40 年的广州经济划分为供给约束型经济和需求约束型经济两个发展阶段，首先考察广州从供给约束型经济向需求约束型经济转变的节点和过程，再深入分析外贸与外资对转变的贡献和它们在不同经济态势下对广州经济发展的影响路径，以求在这个层面有所突破。

第一节　广州市经济从供给约束型向需求约束型 转变的时点分析

在改革开放刚刚起步时，广州市和全国一样，都处于供给约束型经济态势下，各类商品几乎都短缺到了凭票（证）供应的地步，在城市（镇）里，普通民众家庭若没有票证是难以生存的。这一关系国计民生重大问题的表象是，生产能力超负荷运转也不能满足总需求，有效总供给等于潜在总供给。问题的原因在于，资本存量太少，全部产业装备"三班倒"运转也无法弥补需求缺口，而资本存量不足的原因在于广州经济陷入了下面的短缺恶性循环：

总产出（GDP）水平太低→储蓄少（绝大部分被消费）→投资不足→资本存量不足→总产出（GDP）水平太低→……

上述短缺恶性循环表明，由于产出能力低，全部产出都用于消费尚且不足，可转化为投资的储蓄就很少。投资流量的不足，导致资本存量不足，致使下一个周期仍是总产出能力低，经济在短缺状态中循坏往复。解决这个问题的抓手就是增加投资。投资增加了，资本存量就会上升，总产出就有相应的增长。于是，消费剩余——储蓄就会增长，投资会进一步增长，形成良性循环。但是，怎样才能促使短缺经济中的投资增长？在国内储蓄严重不足的情况下，快速有效的手段无疑是引进外资和通过外贸渠道促进高水平装备投资。1978 年召开的中国共产党十一届三中全会基本确定了改革开放的大方向，广州作为中国传统的对外窗口城市，在引进外资和发展外贸方面迅速走在了全国各省份的前列，最终促成了广州经济态势的转变。

一 广州总供求态势转变的数量分析

我们曾经总结了判断一国总供求态势的四种实证方法，但和一个国家不同，这里的研究对象仅是广州这样一个具体的城市，为了考察广州经济转变的节点，我们只能使用其中的总供给价格弹性法：

$$\ln Y = a_0 + a_1 \ln P + 适当的控制变量 \qquad （2-1）$$

式（2-1）中，a_1 是双对数方程自变量的系数，即总供给的价格弹性，也是总供给曲线上倾斜度的均值。如果 a_1 远小于 1，则意味着总供给曲线的倾斜度非常陡峭，则总供求态势是供给约束型的；反之，则总供给曲线非常平缓，总供求态势是需求约束型的。

根据 1978 年到 2016 年的名义 GDP 和实际 GDP，我们计算出了 GDP 平减指数（价格指数），数据见表 2-1。其中，实际 GDP 指数以 1978 年为 100，代表广州市的区域总产值水平；价格指数是以 1978 年为 100 的 GDP 平减指数，代表广州市的区域价格总水平。

表 2-1 1978~2016 年广州市实际 GDP 指数和价格指数

年份	实际 GDP 指数	价格指数（GDP 平减指数）
1978	100.00	100.00
1979	113.41	99.75
1980	130.92	102.00
1981	142.12	103.53
1982	156.74	106.82
1983	171.4	107.87
1984	201.29	112.67

续表

年份	实际 GDP 指数	价格指数（GDP 平减指数）
1985	238.11	121.2
1986	251.57	128.72
1987	289.91	138.64
1988	341.45	163.16
1989	357.66	198.33
1990	398.18	186.25
1991	462.98	193.8
1992	570.66	207.67
1993	721.44	238.29
1994	857.29	246.23
1995	998.25	288.96
1996	1122.48	298.71
1997	1272.84	300.12
1998	1439.98	296.77
1999	1629.8	292.28
2000	1847.3	298.45
2001	2082.7	299.24
2002	2358.26	295.34
2003	2717.38	298.61
2004	3125.63	330.41
2005	3529.64	338.85
2006	4052.82	347.76
2007	5281.49	313.72
2008	6869.24	279.95
2009	8351.45	253.91
2010	10429.95	239.73

续表

年份	实际 GDP 指数	价格指数（GDP 平减指数）
2011	12694.91	227.09
2012	16478.4	190.83
2013	21758.26	165.28
2014	24965.8	155.28
2015	31174.59	134.73
2016	33730.91	136.23

资料来源：本表两列数据均根据广州市 1978 年至 2016 年的名义 GDP 数值和实际 GDP 数值计算而得，原始数据见：①广州市统计局历年所编印的且由中国统计出版社出版的《广州统计年鉴》之 "国民经济和社会发展主要统计指标" 和 "国民经济和社会发展主要统计指标发展速度" 之报表。②广州市统计局、国家统计局广州调查队：《广州统计信息手册（2017）》，2017。③广州统计信息网的 "统计年鉴 2017——第一篇——国内生产总值指数（按可比价格计算，1978 年 =100）" 栏目，网址：http://210.72.4.52/gzStat1/chaxun/njsj.jsp。

根据表 2-1 的数据，可得广州的 AS 曲线（见图 2-1）、总价格水平（见图 2-2）和 GDP 增长率（见图 2-3）。

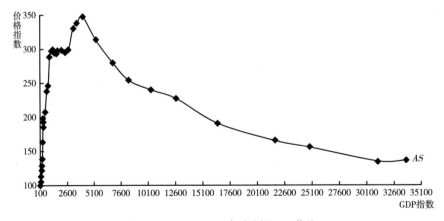

图 2-1 1978~2016 年广州的 AS 曲线

注：纵轴为价格指数，横轴为 GDP 指数。

资料来源：表 2-1。

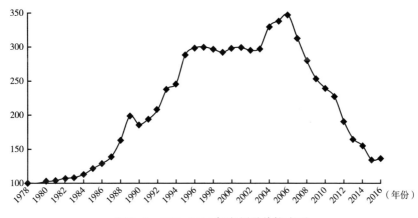

图 2-2 1978~2016 年广州总价格水平

注：纵轴为价格指数（GDP 平减指数），横轴为年份。1979 年为 99.75。
资料来源：表 2-1。

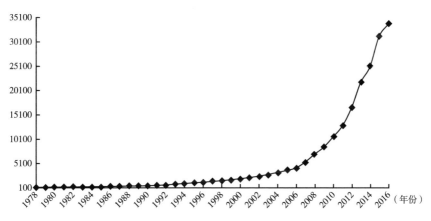

图 2-3 1978~2016 年广州 GDP 指数

注：纵轴为实际 GDP 指数，横轴为年份。
资料来源：表 2-1。

从图 2-1 可以发现，价格指数在从 100 到 300 左右的水平时，这段 *AS* 曲线是非常陡峭的，几近与横轴垂直。从图 2-2 观察，这是 1978~1996 年的时段。结合图 2-3 中 1978~1996 年的 GDP 增长率观察，在价格上涨期间，广州的 GDP 增长率相对不高。用本书表 2-1 和表 2-6 的数据，我们做了一个数学模型，计算出 1978~1996 年总供给的价格弹性是 0.29，于是可以得出判断——1978~1996 年的广州经济是处于供给约束型经济的总供求态势之下。

$$\ln Y = -0.79 + 0.60\ln M_s + 0.29\ln P$$

$$t_1 = -4.06 \quad t_2 = 19.00 \quad t_3 = 3.30 \tag{2-2}$$

$$R^2 = 99.84\% \quad F = 4961.67 \quad DW = 1.99$$

1997 年之后的广州 AS 曲线形状相对复杂，需要深入分析。从图 2-1 观察，价格指数从 300 到 350 区间（图 2-2 显示为 1997~2006 年）的 10 年中有 5 年处于亚洲金融危机的影响之中，AS 曲线先走平后上升（图 2-2 的价格走势更为直观），用肉眼观察难以得出正确的判断。经过数量模型求解，1997 年至 2007 年的总供给价格弹性为 1.52，远大于 1，属于需求约束型经济范畴。计算过程如下：

$$\ln Y = 1.52\ln P + 0.91AR（1）$$

$$t_1 = 19.44 \quad t_2 = 24.50 \tag{2-3}$$

$$R^2 = 98.92\% \quad F = 735.26 \quad DW = 2.00$$

2007 年之后，广州经历了价格水平下降和经济快速增长的"低高型"经济进程。经计算，总供给价格弹性为 -2.13（负号仅表示价格与实际 GDP 变动的方向不同），绝对值远大于 1，呈现高水平需求约束型经济的特点。计算过程如下：

$$\ln Y = 20.86 - 2.13\ln P$$

$$t_1 = 54.34 \quad t_2 = -29.45 \tag{2-4}$$

$$R^2 = 99.08\% \quad F = 867.43 \quad DW = 1.85$$

二　对2007~2016年总供给曲线异常形状的逻辑分析

1997~2016 年，广州进入需求约束型经济时期，有效需求（订单）成为广州经济的增长引擎，公众告别了"买不到"的困扰，企业开始面临"想办法卖"的难题，销售和研发两个部门成为大企业的核心机构。而接下来需要考察的问题是广州经济为什么在 2007~2016 年呈现"低高型"状态？与此同时，大多数消费者为什么丝毫没有感受到价格在走低？在考察之前，我们先对广州市的几种价格做一下分析。价格数据见表 2-2，用表 2-2 的数据做图，得到图 2-4。

表 2-2　2003~2016 年广州市价格指数

年份	城市居民消费价格指数（2003 年 =100）	城市商品零售价格指数（2003 年 =100）	固定资产投资价格指数（2003 年 =100）	生产者购进价格指数（2003 年 =100）
2003	100	100	100	100
2004	101.69	102.09	104.3	105.75
2005	103.22	103.73	106.39	102.15
2006	105.59	104.98	107.45	99.31
2007	109.18	108.03	109.38	99.12
2008	115.63	114.17	116.82	103.53
2009	112.73	110.51	113.43	86.9
2010	116.34	114.05	117.06	104.94
2011	122.74	119.87	122.57	103.27
2012	126.42	122.15	123.79	93.14
2013	129.71	122.76	124.53	92.95
2014	132.7	124.6	125.28	92.76
2015	134.96	123.48	123.03	88.69
2016	138.61	124.96	122.29	93.23

资料来源：广州统计信息网"宏观经济数据库"栏目（网址：http: //www.gzstats.gov.cn/tjsj/hgjjsjk/）。

图2-4 2003～2016年广州市价格指数

资料来源：表2-2。

从图2-4可以看出，生产者购进价格指数从2005年起基本上呈下降趋势。这个指数的下降，使得生产成本下降，同时，由于资本品在价格总指数中占比较大，它的下降在很大程度上拉低了价格总水平，成为价格总水平下降（见图2-2）的主要原因。图2-4反映出城市居民消费价格指数（CPI）的涨势最强，而CPI包括有形消费品和服务类商品的价格变动，其上涨趋势会直接为公众所感知，所以广州消费者感觉不到物价总水平的下降。同时，城市商品零售价格的指数虽然涨幅小于CPI，但也是单调上升的，它既反映有形消费品的零售价格趋势，也反映资本品零售价格趋势，加之劳动力成本上涨，投资价格指数也在不断上升。于是，全市场主体的感受几乎都是价格上涨。而且，若没有生产者购进价格指数的下降，即资本品成本下降，其他指数则会以更大幅度上扬。

根据AD-AS相关理论，我们认为在价格总水平稳步下降的条件下，成本下降会导致短期总供给曲线持续下移。如图2-5所示，价格下降导致第一个短期（AS_1）结束，AS曲线下移到AS_2的位置，而不是如某些宏观经典著作所描述的那样，下一个短期AS曲线会因为资源充分利用而在几何平面上向右上方移动。我们把众多的短期总供给曲线价格拐点用平滑的曲线连接起来，就得到了一条向右下方倾斜的长期总供给曲线，见图2-6。

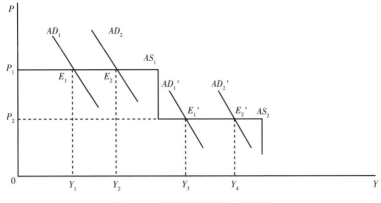

图 2-5 广州总供给的短期转换

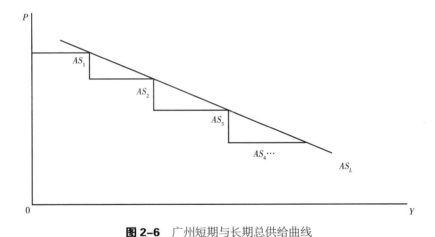

图 2-6 广州短期与长期总供给曲线

图 2-6 大致描述了 2007~2016 年广州"低高型"经济增长的内在逻辑，基本上解释了广州区域宏观经济运行与全国总量数据指标不同的缘由。

第二节　供给约束型经济时代外贸和外资的作用分析

广州经济在 1996 年实现了从供给约束（短缺经济）向需求约束（订单经

济）的过渡，与当地外资和外贸对经济的促进作用密切相关。本节主要讨论 1978~1996 年广州经济增长中外资和外贸的作用。

一 经济增长中外资的作用

在供给约束型经济条件下，由于总产出水平低，消费多储蓄少，所以需求没有问题。于是，总产出是由生产函数决定的。生产函数主要取决于劳动力、资本存量等要素投入和效率参数（技术和管理）。由于 1978~1996 年有大批农民工涌入广州寻找工作，因此劳动力供给非常充裕，而资本存量与投资正相关，并且由于规模效应、学习效应和溢出效应不断累积，技术水平会随着国内投资和 FDI 的增长而不断提高。不同于以往文献中用全社会固定资产投资额作为国内投资的替代变量，本书采用广州基建投资额中资金来源于国内和国外的投资额分别作为内资和外资的替代变量，以便与本书考察外资利用的主题更为契合。因此，1978~1996 年广州的总产出可由式（2-5）给出，其中 Y 是总产出，I_d 代表国内投资（简称内资），I_f 代表国外投资（简称外资）。

$$Y = f\left(I_d, I_f\right) \tag{2-5}$$

两个变量的数据见表 2-3，我们先对表 2-3 数据取对数，然后做单位根检验和协整检验，检验结果见表 2-4 和表 2-5。

表 2-3　1978~1996 年广州经济增长与国内外投资数据

年份	实际 GDP（万元）	国内投资额（万元）	国外投资额（万元）
1978	430947	6510	0
1979	488737	62539	0
1980	564196	75140	4190

续表

年份	实际GDP（万元）	国内投资额（万元）	国外投资额（万元）
1981	612462	83254	5638
1982	675466	76054	13198
1983	738643	79031	14368
1984	867453	135864	26606
1985	1026128	212043	34886
1986	1084133	242824	19191
1987	1249358	266598	19682
1988	1471469	423722	31513
1989	1541325	457955	76315
1990	1715945	338834	73942
1991	1995198	410996	97524
1992	2459242	601599	227000
1993	3109024	766275	77440
1994	3694466	1563666	292842
1995	4301928	1575679	437497
1996	4837294	1508348	470618

资料来源：广州统计信息网的"广州50年"栏目，网址：http://www.gzstats.gov.cn/tjsj/hgjjsjk/。

表2-4 式（2-5）变量数据单位根检验

变量	差分次数	(C, T, K)	DW	ADF	1%临界值	5%临界值	10%临界值	结论
$\ln Y$	1	(C, N, 1)	1.87	−2.87	−3.89	−3.05	−2.67	$I(1)$*
$\ln I_d$	1	(C, N, 1)	1.18	−3.48	−3.92	−3.07	−2.67	$I(1)$**
$\ln I_f$	1	(C, N, 1)	2.19	−5.64	−3.96	−3.08	−2.68	$I(1)$***

说明：***，**，*分别表示变量差分后在1%、5%、10%的置信水平上通过ADF平稳性检验，下同。

表 2-5 式（2-5）变量数据协整检验

原假设	迹统计量（P 值）	5% 临界值	λ-max 统计量	5% 临界值
无协整关系	31.88（0.00）	24.28	18.97（0.03）*	17.80
至少有 1 个协整关系	12.92（0.04）*	12.32	9.79（0.09）	11.22
至少有 2 个协整关系	3.13（0.10）	4.13	3.13（0.09）	4.13

说明：* 表示在 5% 的显著性水平下拒绝了原假设，P 值为伴随概率，下同。

根据式（2-5），运用计量分析可得广州总产出（用实际 GDP 表示）与内资及外资的数量关系如下：

$$\ln Y = 6.83 + 0.46\ln I_d + 0.14\ln I_f$$

$$t_1 = 14.64 \quad t_2 = 5.92 \quad t_3 = 2.49 \tag{2-6}$$

$$R^2 = 97.45\% \quad F = 267.53 \quad DW = 1.93$$

计量结果说明在 1978~1996 年广州市供给约束型经济时期，总产出增长是由内资和外资共同推动的，并且在其他条件不变时，实际利用外资每变动 1%，广州实际 GDP 就同向变动 0.14%；内资每变动 1%，实际 GDP 就同向变动 0.46%。

综上，在供给约束型经济时期，广州利用外资直接补充了投资不足，促成了资本存量的增长，打破了短缺恶性循环的束缚，进入总产出持续增长的状态。资本存量的大幅增长造就了潜在产出大于总需求的经济格局，广州终于在 1996 年开始进入需求约束型经济。

二 经济增长中外贸的作用

根据前文的实证分析，我们认为在广州总供给潜力大幅提升的过程中，内资的贡献是巨大的，若进一步剖析影响内资的经济变量，本书认为主要包括以下几方面：首先是进口。在供给约束型经济下，产出缺口一般在资本品层面，尤其是重要装备供给能力严重不足，急需进口机器设备等资本品以提高产能。于是，进口成了广州高水平资本品供给的主要渠道，和国内储蓄一起形成资本存量。其次是出口。进口资本品需要外汇资金，但在该时段外汇极度短缺，而出口无疑是筹集进口所需外汇资金的主要来源。再次是货币供给。改革开放初期，国有经济单位的投资还是依靠财政拨款，到20世纪80年代中期才实施"拨改贷"政策。在当时"大财政小银行"的体制下，财政政策直接影响货币供应量，进而影响整个供给约束型经济的投资。因此，货币供应量更能反映银根松紧。最后是储蓄水平，这里的储蓄是宏观经济学意义上的大储蓄概念，即总产出中除去消费以外的剩余部分。投资由储蓄转化而来，对内资来说，储蓄不仅是投资资金来源，其对应的实物也是资本品来源，因此我们建立了供给约束型经济条件下广州市的内资决定模型，见式（2-7）。

$$I_d = f(M_s, X, M, S) \qquad (2\text{-}7)$$

在式（2-7）中，I_d 代表国内投资额，M_s 代表货币供给（表明国家银根松紧程度），M 代表进口额，X 代表出口额，S 代表储蓄水平（统计量拟使用上期总产出替代）。

我们在用表 2-6 的数据拟合数量模型之前，先对数据做单位根检验和协整检验，检验结果见表 2-7 和表 2-8。

表 2-6　1978~1996 年广州经济数据

年份	全社会固定资产投资额（万元）	货币供应量（亿元）	广州外贸进口商品总额（亿美元）	广州外贸出口商品总额（万美元）	广州市上一年的实际 GDP（亿元）
1978	72641	859.45	0.0232	1.34	390697
1979	74288	1069.36	0.0148	1.63	430947
1980	99565	1315.74	0.0189	2.12	488737
1981	136300	1636.56	0.1075	2.89	564196

续表

年份	全社会固定资产投资额（万元）	货币供应量（亿元）	广州外贸进口商品总额（亿美元）	广州外贸出口商品总额（万美元）	广州市上一年的实际GDP（亿元）
1982	210108	1885.11	0.2042	2.94	612462
1983	228889	2165.04	0.2983	3.44	675466
1984	299248	2845.24	0.3959	2.78	738643
1985	436197	3011.39	1.1599	3.15	867453
1986	524813	3856.03	2.2151	5.27	1026128
1987	584140	4481.67	5.3815	7.3886	1084133
1988	902161	5490.17	6.9636	14.59	1249358
1989	933326	5830.51	6.0312	17.70	1471469
1990	905937	6950.7	6.7158	23.55	1541325
1991	1037424	8633.3	11.7882	29.42	1715945
1992	1881379	11731.5	17.4677	36.87	1995198
1993	3733976	16280.4	24.8496	64.49	2459242
1994	5257053	20540.7	28.1372	86.69	3109024
1995	6182515	23987.1	34.3724	95.67	3694466
1996	6389360	28514.8	39.7001	91.36	4301928

资料来源：①"全社会固定资产投资额"的数据见广州统计信息网的"广州50年——第四篇——全社会固定资产投资额"栏目，网址：http：//210.72.4.52/gzStat1/chaxun/njsj.jsp。

②"货币供应量"见http：//app.finance.ifeng.com/data/mac/month_idx.php?type=015&symbol=01502。

③广州统计信息网的"广州50年——第十四篇——外贸进出口商品总值"栏目，网址：http：//210.72.4.52/gzStat1/chaxun/njsj.jsp，因为其数据有误，所以根据资料来源④重新计算了进口值和出口值。

④吴智文、丘传英主编《广州现代经济史》，广东人民出版社，2001，第430~431页，附录十五：广州市1952~2000年外贸进口增长一览表，附录十六：广州市1952~2000年外贸出口增长一览表。

⑤"广州市上一年的实际GDP"，1979~1996年的资料来源于表2-3，1978年的资料来源于广州统计信息网"广州50年——第一篇——国内生产总值指数"栏目，http：//210.72.4.52/gzStat1/chaxun/njsj.jsp。

表2-7　式（2-7）变量数据单位根检验

变量	差分次数	(C, T, K)	DW	ADF	1%临界值	5%临界值	10%临界值	结论
$\ln I_d$	1	$(C, N, 1)$	2.18	−3.42	−3.92	−3.07	−2.67	$I(1)$**
$\ln M_s$	1	$(C, N, 1)$	2.00	−3.88	−3.89	−3.05	−2.67	$I(1)$**
$\ln X$	1	$(C, N, 1)$	1.95	−3.79	−3.89	−3.05	−2.67	$I(1)$**
$\ln M$	1	$(C, N, 1)$	1.86	−3.62	−3.89	−3.05	−2.67	$I(1)$**
$\ln S$	1	$(C, N, 1)$	1.90	−2.89	−3.89	−3.05	−2.67	$I(1)$*

表2-8　式（2-7）变量数据协整检验

原假设	迹统计量（P值）	5%临界值	λ-max 统计量	5%临界值
无协整关系	150.28（0.00）	76.97	80.58（0.00）	34.81
至少有1个协整关系	69.70（0.00）	54.08	29.02（0.04）	28.59
至少有2个协整关系	40.68（0.01）*	35.19	24.21（0.03）*	22.30
至少有3个协整关系	16.47（0.15）	20.26	9.07（0.42）	15.90
至少有4个协整关系	7.40（0.11）	9.16	7.40（0.11）	9.16

利用表2-6的数据，我们可得计量分析的结果如下：

$$\ln I_d = 0.522\ln M_s + 0.3\ln X_{t-1} + 0.11\ln M_{t-1} + 0.328\ln S$$

$$t_1 = 2.00 \quad t_2 = 2.53 \quad t_3 = 2.25 \quad t_4 = 4.84 \tag{2-8}$$

$$R^2 = 99.29\% \quad DW = 1.65$$

根据实证结果式（2-8），当其他条件不变时：首先，出口每变动1%，内资就同向变动0.3%；其次，进口每变动1%，内资就同向变动0.11%；再次，国内货币供给每变动1%，内资就同向变动0.52%；最后，广州市储蓄每变动1%，内资就同向变动0.33%。因此，出口和进口都是广州投资的重要影响因素，投资增长促成了资本存量增长，从而推动经济快速增长。

综上所述，1978~1996年广州经济处于供给约束型经济，而外资和外贸促进了广州的资本形成，并且在其他因素的共同作用下，广州快速走出了短缺经济的恶性循环陷阱。

第三节　需求约束型经济时代外贸和外资的作用分析

在外资和外贸因素的促进下，广州在 1996 年告别了短缺经济，进入需求约束型经济时期。需求约束型经济，即潜在总供给远大于总需求，但究竟生产多少，取决于订单——有效需求。也就是说，在资本存量巨大的条件下，总供给被迫适应总需求，先前总需求被迫适应低水平总供给的局面一去不复返了，从宏观角度观察，买方市场条件成熟了。从此，经济增长的发动机到了总需求一端，总供给无论在数量上还是在结构上必须适应总需求。也就是说，先前"买不到"的问题解决了，"购买量不足"的问题出现了。

一　外贸和外资对广州国内投资的拉动作用分析

无论是供给约束还是需求约束，从表面上看，产品都是通过资本存量生产出来的，但是，资本形成的逻辑是全然不同的。二者的重要区别在于，供给约束型经济中的资本形成是有强大的需求保证的——产品销售没有问题，找到资金，投资生产就会产生利润；而在需求约束型经济中，资本形成应该是需求拉动的，缺乏订单就会缺乏有效率的投资。脱离需求的投资（有时政府投资能做到，而民营企业做不到）虽然在当年可以拉动产出，但很快就会形成闲置，因为产品卖不出去。在需求约束型经济中，健康的投资必须是需求（订单）导致的。从逻辑层面考察，需求约束型经济中的投资有如图 2-7 所示的因果关系。

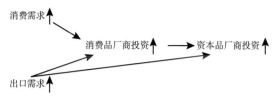

图 2-7 需求约束型经济中投资的主要影响因素

如图 2-7 所示，在其他条件不变时，消费需求（国内订单）增长，会促使消费品厂商增加投资。但是，新添置的资本品不是消费品厂商自己生产的，必须向资本品厂商下订单，于是，促使资本品厂商投资增长（当然，也可能拉动进口）。出口是国外对各种产品的需求，可能是消费品，也可能是资本品，会在不同环节上拉动投资。

由于本部分所研究的问题与国内消费关系不大（只是作为模型的控制变量），于是，我们着力从需求角度考察 1997~2016 年外贸和外资因素在广州资本形成中的作用。根据图 2-7 的逻辑关系，再考虑外资因素，本书认为广州的投资影响因素有三个方面。

第一，广州出口（X）。出口商品涵盖消费品和资本品，在两个环节上影响广州投资。

第二，FDI 结构。广州是储蓄充裕的城市，资金是要寻求出路的。一般来说，FDI 是有国际市场的，它提供的投资导向很重要。对 FDI 的各种结构做了全面考察之后，我们认为，以合作经营方式利用外资对内资的拉动作用最大，因为这种方式需要内资直接以某种资本量参与经营，因此本书以合作经营方式利用外资金额在当年实际利用外资金额中的占比作为广州内资的影响因素。

第三，国内总消费。由于广州制造的消费品面向全国且销路很好，所以，用 C 代表国内总消费，而不是广州消费。因此以图 2-8 的逻辑关系为基础，再考虑银根松紧程度和 FDI 对内资的拉动力度，本书尝试建立了需求约束型经济时期的广州内资决定模型，见式（2-9）。

$$I_d = f\ (\ C,\ X,\ M_s,\ S_{\mathrm{FDI}}\ ) \tag{2-9}$$

在式（2-9）中，C 是国内总消费；X 是广州出口；M_s 是货币供给量（代替间接融资成本），因为投资的资金来源分为银行贷款和资本市场筹资两种形式，但资本市场不甚完善，所以，银行利率或有价证券收益率都难以代表融资成本，用代表银根松紧的 M_s 效果应该更好；S_{FDI} 代表 FDI 结构，因为广州利用外资存在着不同的方式，我们对各种方式在当年实际外资利用金额中的占比做了考察，见图 2-8，各种变量的相关数据见表 2-9 和表 2-10。

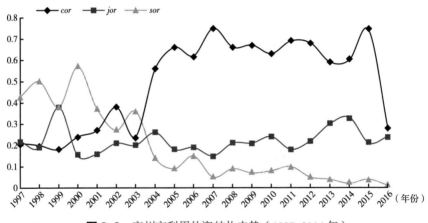

图 2-8　广州市利用外资结构走势（1997~2016 年）

资料来源：表 2-9。

图 2-8 中，cor 表示以合作经营方式利用外资金额在当年实际利用外资金额中的占比，显然，cor 占据的份额越来越大，特别是 2005 年以后。jor 表示以合资经营方式利用外资金额在当年实际利用外资金额中的占比，保持相对稳定，波动不大。sor 表示外资独资经营方式利用外资金额在当年实际利用外资金额中的占比，明显下降。我们将这三组数据分别作为反映 FDI 结构的变量，逐一做数量分析，最后将最显著的一组确定为影响因素。

表2-9 广州市利用外资结构走势（1997~2016）

年份	cor	jor	sor	实际利用外资金额 （折合人民币万元）
1997	0.21	0.22	0.43	2055895.27
1998	0.2	0.19	0.5	2248669.79
1999	0.18	0.38	0.38	2472620.59
2000	0.24	0.15	0.57	2474604.16
2001	0.27	0.16	0.37	2484084.96
2002	0.38	0.21	0.27	1890350.92
2003	0.24	0.2	0.36	2136095.05
2004	0.56	0.26	0.14	1986945.16
2005	0.66	0.18	0.09	2169833.88
2006	0.62	0.19	0.15	2330468.04
2007	0.75	0.15	0.05	2498514.72
2008	0.66	0.21	0.09	2516049.99
2009	0.67	0.21	0.07	2577602.71
2010	0.63	0.24	0.08	2693326.81
2011	0.69	0.18	0.1	2757965.73
2012	0.68	0.22	0.05	2887874.06
2013	0.59	0.3	0.04	2975120.38
2014	0.6	0.33	0.02	3137170.96
2015	0.74	0.21	0.04	3373513.21
2016	0.28	0.24	0.01	3786908.08

注：cor = 合作经营利用外资金额 / 实际利用外资金额；jor = 合资经营利用外资金额 / 实际利用外资金额；sor = 外资独资经营利用外资金额 / 实际利用外资金额。

资料来源：①"实际利用外资金额"的资料来源于广州统计信息网"统计年鉴2017——第十五篇——15-19历年利用外资情况"栏目和"广州五十年——第十四篇——利用外资情况"栏目，网址：http：//210.72.4.52/gzStat1/chaxun/njsj.jsp。②合作经营利用外资、合资经营利用外资、外资独资经营利用外资的数据来自广州统计信息网2000年至2017年的"统计年鉴——第十五篇——15-19利用外资情况"栏目，http：//210.72.4.52/gzStat1/chaxun/njsj.jsp，以及广州市统计局编《广州统计年鉴（1998）》，中国统计出版社，第548~550页。

表2-10　广州投资相关数据（1997~2016）

年份	广州国内投资额（万元）	国内总消费额（亿元）	广州出口额（亿美元）
1997	6565767	47508.6	105.95
1998	7588283	51460.4	103.38
1999	8782586	56621.7	98.67
2000	9236676	63667.7	117.91
2001	9782093	68546.7	116.24
2002	10092421	74068.2	137.78
2003	11751668	79513.1	168.89
2004	13489283	89086	214.74
2005	15191582	101447.8	266.68
2006	16963824	114728.6	323.77
2007	18633437	136229.4	379.03
2008	21055373	157466.3	429.26
2009	26598516	172728.3	374.03
2010	32635731	198998.1	483.79
2011	34122005	241022.1	564.74
2012	37583868	271112.8	589.15
2013	44545508	300337.8	628.07
2014	48895026	328312.6	727.13
2015	54059522	362266.5	811.67
2016	57035900	400175.6	781.77

资料来源：①"广州国内投资额"的资料来源于广州统计信息网的"统计年鉴2017——第四篇——4-4 主要年份固定资产投资额（按投资类别分）"栏目，网址：http：//210.72.4.52/gzStat1/chaxun/njsj.jsp。②"全国消费额"来自国家统计局的"国民经济核算——支出法国内生产总值"栏目，http：//data.stats.gov.cn/easyquery.htm?cn=C01。③"广州出口额"的数值来自广州统计信息网2000年至2017年广州统计年鉴上的"统计年鉴——第十五篇——15-2 商品进出口总值"栏目，http：//210.72.4.52/gzStat1/chaxun/njsj.jsp。

和前面一样，我们先对式（2-9）中各变量的统计量做单位根检验和协整检验，检验结果见表 2-11 和表 2-12。

表 2-11　式（2-9）变量数据单位根检验

变量	差分次数	(C, T, K)	DW	ADF	1% 临界值	5% 临界值	10% 临界值	结论
$\ln I_d$	1	$(C, N, 1)$	1.78	-3.51	-3.89	-3.05	-2.67	$I(1)^{**}$
$\ln C$	1	$(C, N, 1)$	1.86	-2.65	-3.86	-3.04	-2.66	$I(1)^{*}$
$\ln X$	1	$(C, N, 1)$	1.97	-4.16	-3.86	-3.04	-2.66	$I(1)^{***}$
$\ln S_{\text{FDI}}$	1	$(C, N, 1)$	2.19	-7.97	-3.86	-3.04	-2.66	$I(1)^{***}$

表 2-12　式（2-9）变量数据协整检验

原假设	迹统计量（P 值）	5% 临界值	λ-max 统计量	5% 临界值
无协整关系	52.56（0.00）*	40.17	43.01（0.00）*	24.16
至少有 1 个协整关系	9.55（0.88）	24.28	6.61（0.85）	17.80
至少有 2 个协整关系	2.94（0.85）	12.32	2.91（0.80）	11.22
至少有 3 个协整关系	0.03（0.89）	4.13	0.03（0.89）	4.13

使用表 2-9 和表 2-10 所列数据，我们做了数量模型，见式（2-10）。

$$\ln I_d = 0.76\ln C + 0.41\ln X + 0.16\ln S_{\text{FDI}}^{t-1}$$

$$t_1 = 5.26 \quad t_2 = 3.40 \quad t_3 = 9.91 \tag{2-10}$$

$$R^2 = 98.59\% \quad F = 558.64 \quad DW = 1.94$$

模型（2-10）的结果表明，在其他条件不变时，1997~2016 年的广州经济情况如下：广州出口每变动 1%，广州投资就同向变动 0.41%；合作经营利用外资金额在当年实际利用外资金额中的占比每变动 1%，广州投资就同向变动 0.16%；国内消费每变动 1%，广州投资就同向变动 0.76%。需要强调说明的是：第一，以合作经营方式利用外资金额在当年实际利用外资金额中的占比（cor）最为显著，模型中采用这个统计量。第二，代表国内银根松紧程度的变量——货币供应量 M_s 不显著。在我们所做的其他研究中，近年来的日本和美国投资模型中也有类似情况。我们的解释是，当某国或某地区投资资金充裕时，厂商投资的主要影响因素是订单方面的变量，融资成本已不再是投资的重要影响因素了。

综上所述，广州出口和 FDI 结构对广州的国内投资具有重要影响。

二　外资对广州经济增长的影响

在需求约束型经济中，总产出依然受投资决定，因为产品都是使用资本制造出来的，与供给约束型经济不同的是投资如何决定。前面我们把广州国内投资作为因变量讨论影响因素，现在，我们把广州国内投资和外资一起作为自变量，讨论广州的经济增长，因此可得经济增长模型：

$$Y = f\left(I_d,\ I_f\right) \tag{2-11}$$

我们将用表 2-1 广州 GDP 指数、表 2-10 的广州国内投资额数据和表 2-9 的实际利用外资金额数据拟合数量模型，拟合模型之前，先做单位根检验和协整检验，检验结果见表 2-13 和表 2-14。

表 2-13　式（2-11）变量数据单位根检验

变量	差分次数	(C, T, K)	DW	ADF	1%临界值	5%临界值	10%临界值	结论
$\ln Y$	2	(C, N, 1)	1.90	-5.51	-3.89	-3.05	-2.67	I(2) ***
$\ln I_d$	2	(C, N, 1)	2.21	-4.64	-3.92	-3.07	-2.67	I(2) ***
$\ln I_f$	2	(C, N, 1)	2.46	-13.36	-3.86	-3.05	-2.67	I(2) ***

表2-14　式（2-11）变量数据协整检验

原假设	迹统计量（P值）	5%临界值	λ-max统计量	5%临界值
无协整关系	39.91（0.01）*	35.19	27.24（0.01）*	22.30
至少有1个协整关系	12.68（0.39）	20.26	8.45（0.50）	15.89
至少有2个协整关系	4.23（0.38）	9.16	4.23（0.38）	9.16

回归结果为：

$$\ln Y = 11.05 + 0.76\ln I_d + 0.77\ln I_d^{t-3} + 0.2\ln I_f^{t-2}$$

$$t_1 = -16.68 \quad t_2 = 6.98 \quad t_3 = 6.10 \quad t_4 = 2.20 \tag{2-12}$$

$$R^2 = 99.87\% \quad F = 3221.11 \quad DW = 2.11$$

式（2-12）的实证结果表明，1997~2016年广州的总产出具有如下特征：当期广州国内投资额每变动1%，当期广州总产出就同向变动0.76%；前三期广州国内投资额每变动1%，当期广州总产出就同向变动0.77%。这说明前期的投资在当期形成了与需求对板的生产能力，发力影响经济增长；前两期的外资每变动1%，当期广州总产出就同向变动0.2%，这说明前期外资形成的产能在当期发力。

前面我们从需求角度讨论了广州国内投资影响因素是国内消费、出口和FDI结构，结合本节的分析，我们的结论是，出口、FDI和FDI的某种结构是广州经济增长的重要影响因素。

第四节　本章结论

通过前文分析，我们可以得出如下主要结论。

第一，广州经济在1996年实现了从供给约束型（短缺经济）向需求约束型（订单经济）的过渡，其主要原因是，资本存量持续增长，导致潜在总供给能力增强，逐步接近并大于总需求。

第二，在广州供给约束型经济时期，进口提供高水平资本品、出口提供进口所需外汇，对广州资本形成具有重要影响，其他条件不变时，出口每变动1%，广州内资就同向变动0.3%；进口每变动1%，广州内资就同向变动0.11%。

第三，在广州供给约束型经济时期，利用外资直接补充了国内投资不足，促成了资本存量的增长，打破了短缺恶性循环的束缚，进入总产出持续增长状态。总产出增长是由内资和外资共同推动的。在其他条件不变时，实际利用外资每变动1%，广州实际GDP就同向变动0.14%；内资每变动1%，广州实际GDP就同向变动0.46%。

第四，广州进入需求约束型经济之后，总产出依然受投资决定，因为产品都是使用资本制造出来的，与供给约束型经济不同的是投资如何决定。供给约束型经济中的资本形成是有需求保证的——产品销售没有问题，投资生产就会产生利润；而在需求约束型经济中，健康的资本形成受总需求约束和拉动，订单增长拉动有效投资，缺乏订单就会缺乏有效的投资。

第五，广州进入需求约束型经济之后，出口和FDI结构对广州的国内投资具有重要影响。在其他条件不变时，广州出口每变动1%，广州投资就同向变动0.41%；合作经营利用外资金额在当年实际利用外资金额中的占比每变动1%，广州投资就同向变动0.16%。

第六，在广州需求约束型经济时期，当期广州国内投资额每变动1%，当期广州总产出就同向变动0.76%；前三期广州国内投资额每变动1%，当期广州总产出就同向变动0.77%，这说明前期的投资在当期形成了与需求对板的生产能力，发力影响经济增长；前两期的外资每变动1%，当期广州总产出就同向变动0.2%，这说明前期外资形成的产能在当期发力。

第七，综合第五点结论和第六点结论可以得出，在广州需求约束型经济时期，出口、FDI结构是广州经济增长的重要影响因素。

第三章 改革开放 40 年广州出口总量与结构

众所周知，改革开放 40 年来，中国实现了经济的高速增长，对外贸易是经济增长的重要引擎之一。早在 18 世纪古典经济学建立之时，亚当·斯密（1972）曾论述到，国际贸易是一个国家将市场扩大到该国疆域以外的主要途径。大卫·李嘉图（1976）的比较优势理论认为国际贸易是实现经济效率和增加国民收入的有效途径。托马斯·孟（1965）认为"贸易是检验一个王国是否繁荣的试金石，贸易顺差是一个国家获取财富的唯一手段"。20 世纪 30 年代，凯恩斯主义提出对外贸易乘数理论，对外贸易顺差对一国就业、国民收入和经济增长有乘数效应，主张国家干预经济，实行保护贸易政策。中国经济快速增长与其长期坚持的国内改革和对外开放政策密切相关。出口是中国经济增长的格兰杰原因，和经济增长存在长期稳定的协整关系。

广州与中国香港、中国澳门地区毗邻，具有悠久的开放发展传统，是开放时间最长的贸易口岸，更是改革创新和对外开放的试验区，国际商贸中心地位日益突出。改革开放 40 年来，中共中央、广东省和广州市政府（下文统称中国各级政府）不断出台促进对外出口的政策，广州市出口总量发生了翻天覆地的变化。2017 年广州市 GDP 总量为 21503 亿元[①]，居中国内地城市第 3

---

① 广州统计信息网（http://www.gzstats.gov.cn/）"统计数据"栏目下"广州统计年鉴2017"。

位，外贸进出口总额为 9714 亿美元，居 GDP 十强城市第 5 位。作为中国典型的对外开放城市，广州与全球 220 多个国家和地区有贸易往来，与 20 多个城市有友好城市合作关系。

为分析改革开放 40 年广州市出口领域的经验，本书尝试讨论以下问题：广州 40 年的出口依存度变动趋势并不像全国和其他地区那样呈长期递增趋势，原因何在？出口一直是拉动广州市经济增长的主要因素吗？中国各级政府出台的政策会引致银行信贷指标灵敏变化吗？干预和引导出口的政府政策是否显著提高了广州市出口总量？中国各级政府政策变量、汇率、贸易伙伴国的经济增长水平、关税税率和广州市的出口总额是否存在长期均衡关系？如若能在研究过程中找到影响广州市出口总量的主要因素，发现各级政府政策对外贸出口的干预力度和方向，不仅能够丰富对外贸易理论，而且对广州市、广东省乃至全国外贸出口的持续健康发展都有参考价值。

第一节　文献综述

Handley，Limao（2013）量化了贸易政策不确定性指标，发现 2000~2005 年贸易政策不确定性对美国出口增速的贡献率高达 30%。Feng et al.（2017）分析了贸易政策不确定性对企业出口决策的影响，得出中国贸易政策不确定性的下降提高了企业出口参与度和资源再配置的结论。汪亚楠和周梦天（2017，第 127~143 页）运用 DID 模型发现关税减免优化了企业的出口产品结构，美国对中国产品所征收的进口关税在中国加入世界贸易组织前后存在显著差异。苏振东等（2012，第 24~42 页）使用倾向指数匹配方法（PSM）研究，得出生产性补贴确实对中国制造业的出口行为有正向促进作用的结论。李强和魏巍（2013）采用林毅夫（1989）的分类方法，构建强制性制度变迁和诱导性制度变迁指数，发现强制性制度（政府主导）变迁是加速中国出口贸易发展的关键要素。加入世界贸易组织后，出口市场进入过多的低品质产品是引致中国出口产品品质持续下滑的第一原因，如何从过去的价格竞争发展为以提升品质为核心的非价格竞争，是促进中国对外贸易发展模式转型升级的必经之路（李坤望、蒋为、宋立刚，2014）。金融体系越发达，金融机构为企业研发提供的资金越多，越有利于促进研发质量和效率提高。广东省进口额、实际利用外商投资额、贸易伙伴GDP和出口退税额都对广东省的出口有着显著的促进作用，其中出口退税政策对广东省的出口影响最为显著。肖鹂飞（2008）应用VAR模型发现汇率是影响出口贸易的因素之一，证实了汇率理论的有效性。陈万灵和邓玲丽（2013）依据消费函数、投资函数和进口函数及国民收入等式建立联立方程，发现广州出口增长对经济增长的拉动作用在减弱。

在对文献的整理分类中我们发现，国内外学者对中国出口的相关研究存在局限性。其一，基于国家层面的研究成果非常丰富，基于省域数据的研究成果极少，对于中国最早、最典型的开放试验区——广州出口问题的研究更是凤毛麟角。究其原因我们发现：国家统计局网站上历年的《中国统计年鉴》、世界银行网站和国际货币基金组织网站中有非常全面的国家层面数据，而省域和市级数据很少，搜集也比较困难，于是这种两极分化的研究趋势就不足为奇。其二，海量文献中关于出口影响因素的设定，大多是把某一个制度的前后变化作为虚拟变量加入模型，尚无研究把改革开放40年来所有外贸政策做统计量化处理，进而作为解释变量来对中国各级政府的引领作用对出口的影响力度进行分析。我们分析原因如下：一方面，1978年以来，各级政府出台的外贸政策文件非常多，一个月内颁布若干外贸政策文件很是常见，对纷繁复杂的政策文件进行统计分类让众多学者望而却步；另一方面，目前对于政策文件的量化研究正处于起步阶段，并没有相对成熟的方法体系或者统计测度指标能有效测度政策文件的力度。本书从1978~2016年中国各级政府出台的政策文件切入，量化分析中国各级政府出台的政策对外贸出口的引领作用是否显著。

第二节 政府政策引导下的广州出口走势

一 中国各级政府促进出口的主要政策

改革开放以来，中国各级政府出台的外贸政策或发生的重大事件中主要有财政政策、出口退税政策和其他政策以及重大事件等（见表3-1和表3-2）。1978~2002年，财政政策比较明显，2002年以后，财政政策较不突出，表3-1和表3-2以2002年为分界点[①]。

二 广州市出口增长率和GDP 增长率的对比分析

图3-1 显示，1979~2016 年，广州市出口增长率总体上领先于GDP 增长率，特别是 1986~1989 年，两者悬殊，这种现象的发生是因为受到中国各级政府财政政策、出口退税政策的影响，如1978 年中国政府开始设立专项资金以扶持出口生产，支持农、副、土、特、新产品出口，实行奖励、补贴、出口供货（创汇）等奖励制度。自1983 年起，中国各级政府对钟表、缝纫机、自行车等 17 种产品及其零部件实行出口退税政策。1985 年起对除原油、成品油以外的产品实行针对生产环节最后一道产品税和增值税的退税政策。1986 年开始对 10 类产品退还产品税和增值税。1987 年中国各级政府加大出口退税的政策力度，开始退还出口商品各环节的累计间接税和增值税，扩大出口退税规模。这些退税政策刺激出口企业迅速提高

---

① 考虑到 40 年来中国各级政府共出台外贸政策或发生重大事件两百多，全部列出表格过长，为节约篇幅，我们只在相应的表中列出比较典型的政策或重大事件，更详细的政策或重大事件整理资料列在附表中。考虑到典型的政策或重大事件也较多，表格会较大等问题，我们以 2002 年为分界点，将主要的政策或重大事件总结成两张表。为了分析简便，后文不再区分政策和重大事件，均作为政策进行分析。

表 3-1　1978~2002 年中国各级政府促进出口的主要政策总结

财政政策	出口退税政策	其他政策
1978 年，开始设立专项资金以扶持和促进出口生产，支持农、副、土、特、新产品出口，实行奖励（创汇）等奖励制度。自 1987 年起，以扶持鼓励为主，兼顾经济效益。拨付基金给轻纺出口企业以发展深加工产品，加大出口鼓励力度。自 1994 年起，中国政府实施大规模的财税改革。1998 年，设立各种财政专项资金以鼓励一般贸易出口和中小企业开拓市场。1999 年，设立中小企业国际市场开拓资金。2001 年，中国出口信用保险公司成立。国家提供封闭贷款，鼓励外贸企业多收汇和推行出口退税账户托管制度。	1983 年，开始对钟表、缝纫机、自行车等 17 种产品及其零部件出口退税。1985 年，对除原油和成品油以外的产品实行生产环节最后一道产品税和增值税退税。1986 年，开始对 10 类产品退还产品税和增值税。1987 年，退还出口各环节的累计间接税和增值税，退税力度和规模扩大。自 1994 年起，只退增值税和消费税，增值税分 17% 和 13% 两档，消费税以实际征税比率退税。1994 年，基本实现出口货物零税负。因财政负担过重，1995 年 7 月和 1996 年 1 月，分别降低退税率，出口竞争力遭到重创。1998 年 7 月和 1999 年 1 月，又分别提高出口商品退税率，平均退税率提高到 15%。第一档退税率，运输工具等（15%）；第三档是以农产品之外的工业制成品为第二档（13%）；第三档是以农产品为原料的产品（13%）；第四档主要是农产品（5%）。1999 年，进一步扶持鼓励机电产品出口。2001 年，提高棉纺织品退税率。2002 年，出口棉花实行零税率。粮食、电解铜出口退税，出口加工区耗用水、电、气准予退税	1978 年，中国与欧共体签订贸易协定。1979 年 1 月，中美建交。1979 年 8 月，出台《关于大力发展对外贸易增加外汇收入留成制度》。1980 年，欧洲共同体对中国实行普惠制待遇。1984 年，实行"政企分开，外贸代理制，工贸结合，进出口结合"的外贸体制改革。1985 年，扩大留成比例。1987 年，制定了沿海地区经济发展战略。1990 年，提出和实施"市场多元化"战略。1991 年，实行全国统一的以商品大类为标准的外汇留成制度，不再按地区划分。1991 年，实施"以质取胜"战略。自 1994 年起，取消出口创汇奖和其他财政奖励制度。自 1997 年起，企业出口退税与工资总额挂钩，以促进外贸企业扩大出口。1997 年，亚洲金融危机爆发，中国外汇资金大量流出，中国政府实施打击套逃外汇金流的政策。

注：由于政策内容各有文义，本表仅将中国各级政府促进出口的政策大致分为财政政策、出口退税政策、其他政策。表 3-2 与此相同，但未单独分析财政政策。

资料来源：中华人民共和国商务部（http://www.mofcom.gov.cn/），广东省商务厅（http://www.gdcom.gov.cn/），广州市商务委员会（http://www.gzboftec.gov.cn/）；博自应主编《中国对外贸易三十年》，中国财政经济出版社，2008。

表 3-2 2003~2016 年中国各级政府促进出口的主要政策总结

出口退税政策	其他政策
2003 年，实施科技兴贸战略，改革出口退税机制，中央和地方退税负担比例由 2003 年的 75：25 调整为 2005 年的 92.5：7.5，取消原油退税。小麦粉退税率从 5% 上升到 13%；以农产品为原料的工业品以及船舶、汽车等关键零部件仍是 17%；其余从 17% 下降到 12%。2004 年，印发《扩大农产品出口的指导性意见》。2005 年，对纺织品停征出口关税。 2006 年起，降低"两高一资"退税率。2006 年和 2007 年三次大规模地降低出口退税率，完善出口退税管理。2007 年 7 月，76 个税号退税率调至 5%，取消 83 个税号"两高一资"产品的退税率，大幅降低和取消出口退税率，涉及 2831 项商品，占海关税则中全部商品总数的 37%。经过这次调整以后，出口退税率变成 5%、9%、11%、13% 和 17% 五档。自 2008 年起，调低或取消"两高一资"产品的出口退税率，调低容易产生贸易摩擦的出口产品的出口退税率。2010 年 6 月，出台《关于取消部分商品出口退税的通知》，决定取消部分钢材、有色金属加工材等 406 个税号的退税率，优化出口产品结构，提高出口产品的质量和档次。2012 年，加快出口退税进度	关税措施：对"两高一资"产品开征或加征出口关税，如煤炭、原油、金属矿砂等高耗能、高污染产品 外汇措施：2005 年 7 月 21 日，改革人民币汇率形成机制，建立有管理的浮动汇率制度。2007 年，中国－东盟自由贸易区《服务贸易协议》签订 2008 年起关税措施：开征或提高资源性产品的出口关税，抑制高耗能、高污染和资源型产品的出口 2010 年起财政等政策：2012 年《关于加快转变外贸发展方式的指导意见》指出政府要完善财政对外贸支持的稳定机制。建立和完善金融支持体系，鼓励商业银行开展信贷支持，加大对中小企业进出口信贷的支持力度。设定宽适度的原产地规则，稳步推进与原产地规则相关的贸易便利化进程。2012 年，扩大贸易融资规模，降低贸易融资成本，加大出口信用保险支持力度。2014 年，为支持外贸稳定增长，提出四个方面的政策措施。2015 年，加快培育外贸竞争新优势，改进口岸工作支持外贸发展，促进出口稳定增长，印发中国（广东）自由贸易试验区总体方案的通知，促进外贸回稳向好，在广州设立跨境电子商务综合试验区。2016 年，促进加工贸易创新发展

资料来源：中华人民共和国商务部（http://www.mofcom.gov.cn/）、广东省商务厅（http://www.gdcom.gov.cn/）、广州市商务委员会（http://www.gzboftec.gov.cn/）；傅自应主编《中国对外贸易三十年》，中国财政经济出版社，2008。

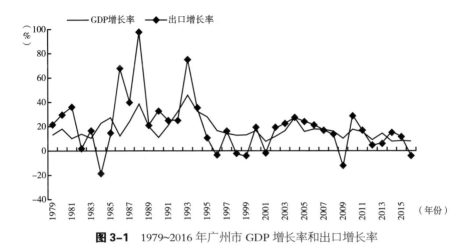

图 3-1 1979~2016 年广州市 GDP 增长率和出口增长率

资料来源：根据历年广州市统计年鉴中 GDP 和出口总额整理计算。

出口幅度，出口增长率直线上升。但是，1995 年中国各级政府降低出口退税力度，出口企业的积极性受挫，广州市出口增长率明显降低，是年，广州市 GDP 增长率开始高于出口增长率或二者基本持平，这种现象一直持续到 2001 年。除了 2009 年因国际金融危机广州市的出口增长率严重降低以外，2002~2015 年广州市 GDP 增长率和出口增长率差异不明显，2016 年二者差距较大。

三　1978~2016年广州市出口依存度趋势变动分析

1. 1978~2016年广州市出口依存度先升后降

1978 年，中共十一届三中全会把对外开放作为中国的一项基本国策，1979 年，中共中央和国务院决定对广东的对外经贸实行特殊政策和灵活措施，实施沿海地区对外贸易发展战略。在这些政策的大力促进下，广州市对外贸易迅速扩大，出口总额显著增长，广州的出口依存度增长极快（见表3-3和图3-2）。1978~1994 年，全国贸易逆差持续不断，外汇短缺对国家进口生产装备有负面影响。广州出口快速增长，为国家创汇做出了重要贡献，也成为拉动广州经济增长的主要因素之一。1978年广州市出口依存度是 5.24%，略高于全国的出口依存度（4.62%）。1987 年，中国各级政府加大出口退税的政策力度，广州市出口依存度快速上升，1990 年达到 35.25%，是该年全国出口依存度（16.10%）的 2 倍以上，广州市的对外开放程度遥遥领先于全国水平。1994 年，广州市出口依存度是 75.83%，达到顶峰，远远超过该年全国出口依存度（17.55%），是改革开放初期（1978 年）的 14 倍左右，引致出口对国民经济增长的拉动作用发挥到极致。1994 年起中国进行了大规模的财税体制改革，影响深远。在出口退税政策方面，只退增值税和消费税，增值税按照 17% 和 13% 两档，消费税按实际征税比率退税，1994 年基本实现出口货物零税负。由于财政负担过重，1995 年 7 月和 1996 年 1 月中国各级政府分别颁布降低出口退税率的政策。受这些政策的影响，自 1995 年起，广州市出口总额增长率开始落后于 GDP 的增速，广州市出口依存度整体处于下降趋势，GDP 增长率长期显著高于出口增长率（个别年份持平）。1994 年是广州市出口依存度的拐点，1994 年后由大幅上升转为急剧下降，并且，这种下降趋势持续到 2001 年。2001 年，中国加入 WTO，出口总额上升幅度增加，出口依存度开始爬升。在 1997 年亚洲金融危机的冲击下，1998 年广州市出口总额略有下降，但幅度不明显，广州市 GDP 受危机的影响较小，稳中有升，出口依存度平缓下降，这与 1994 年以来广州出口依存度的长期下降趋势一致。2008 年发生国际金融危机，广州市 GDP 受金融危机的影响不明显，但出口总额下跌，出口依存度下降。2008~2016 年广州市出口依存度小幅度下降，逐渐趋于稳定，外贸出口在经济总量中的比重变小，对经济增长的拉动作用减弱，对经济增长的贡献也就受到很大限制。在投资、消费和出口拉动经济增长的"三驾马车"中，出口的主导作用减弱，投资和消费的主导作用相应增强。

表 3-3 1978~2016 年广州市出口总额、GDP 和出口依存度

年份	出口总额（亿美元）	出口总额（亿元）	GDP（亿元）	出口依存度（%）	年份	出口总额（亿美元）	出口总额（亿元）	GDP（亿元）	出口依存度（%）
1978	1.34	2.26	43.09	5.24	1998	103.38	855.89	1892.52	45.2
1979	1.63	2.53	48.75	5.20	1999	98.67	816.82	2139.18	38.18
1980	2.1176	3.17	57.55	5.51	2000	117.91	976.11	2492.74	39.16
1981	2.8868	4.92	63.41	7.76	2001	116.24	962.12	2685.76	35.82
1982	2.9373	5.56	72.15	7.70	2002	137.78	1140.41	3001.48	37.99
1983	3.4397	6.80	79.67	8.53	2003	168.89	1397.90	3496.88	39.98
1984	2.7835	6.48	97.74	6.63	2004	214.74	1777.36	4450.55	39.94
1985	3.1446	9.23	124.36	7.43	2005	266.68	2184.56	5154.23	42.38
1986	5.2726	18.21	139.55	13.05	2006	323.77	2581.03	6073.83	42.49
1987	7.3886	27.50	173.21	15.88	2007	379.03	2882.14	7140.32	40.36
1988	14.59	54.31	240.08	22.62	2008	429.26	2981.25	8287.38	35.97
1989	17.7	66.64	287.87	23.15	2009	374.03	2555.00	9138.21	27.96
1990	23.55	112.64	319.60	35.25	2010	483.79	3275.02	10748.28	30.47
1991	29.42	156.61	386.67	40.50	2011	564.74	3647.54	12423.44	29.36
1992	36.87	203.32	510.70	39.81	2012	589.15	3719.01	13551.21	27.44
1993	64.49	371.59	744.35	49.92	2013	628.07	3889.76	15497.23	25.10
1994	86.69	747.16	985.31	75.83	2014	727.13	4466.61	16706.87	26.74
1995	95.67	798.94	1259.20	63.45	2015	811.67	5055.41	18100.41	27.93
1996	91.36	759.59	1468.06	51.74	2016	781.77	5192.75	19547.44	26.56
1997	105.95	878.30	1678.12	52.34					

资料来源：根据历年《广州市统计年鉴》中的数据整理计算。

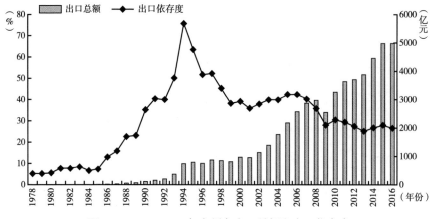

图3-2 1978～2016年广州市出口总额和出口依存度

资料来源：同表3-3。

2. 中国各级政府政策导向影响广州市出口依存度变化趋势

改革开放以来，中国着力建立社会主义市场经济体制，由计划经济模式转向市场调节模式，外贸出口相继实施了市场"多元化"和"以质取胜"战略，广州市出口依存度逐年爬升。20世纪80年代，中国各级政府实施优先发展轻纺工业和沿海经济战略，扭转了轻纺工业长期滞后失衡现象，广州市产业结构优化升级，出口贸易规模扩大，出口依存度突飞猛进。然而，从出口依存度的计算公式可以看出，其与国内市场规模（人口、购买力和资源等）是负相关的：一国人口众多，市场需求量大，购买力强，出口依存度相对较低，如美国和日本的出口依存度在10%以内，并非大起大落。一般来说，在资源短缺、人口较少的国家，国内市场狭小，国内经济对出口的依赖程度较强，其出口依存度相对偏高。从表象上看，广州市的出口依存度与宏观经济的关系的确有悖常理，但这与广州市乃至全中国的改革进程有关。在改革开放初期，广州和全中国一样处于"供给约束型经济"，即短缺经济，短缺的缺口在于资本品。进口资本品需要大量外汇资金，广州承担了为进口积攒外汇的重要任务，出口导向型经济特征明显。这是国家经济发展的战略任务，广州市政府必须努力完成出口创汇的战略任务。进入需求约束型经济之时

（1996年），中国经济的资本缺口基本弥补完毕，出口创汇的紧迫性大大降低，对外经济关系逐步回归正常状态，依存度理应下降。由图3-2可以看出，广州市的出口依存度在经历了1978~1994年的突飞猛进和1995~2001年的严重下跌后，小幅度先升后降，从2012年起基本趋于稳定。中国各级政府对外贸易的政策文件和人民生活水平的提高、内需增大是引起其变化的主导因素。

从上述分析可以看出，出口依存度是一个单项增量指标，虽然能单方面大致反映出口在国民经济中的地位和作用，但不能全面反映对国民经济增长的拉动程度，用来度量对外开放程度有一定的局限性。

第三节　广州出口总量影响因素的逻辑分析

一　政府引导对出口总量的影响

1. 政府引导促进出口贸易的发展

马克思主义认为，要提高市场效率，市场经济、市场竞争必须与政府引导相结合，因此，有必要也有可能加强政府在宏观经济管理方面的作用。凯恩斯主义主张每个国家只有制定和实施与自己国情相匹配的对外贸易政策，才能促进本国对外贸易的迅速发展。如何提高出口总量和丰富产品结构就成了一国外贸政策的重要组成部分。政府适当的政策干预不仅可以改善贸易结构，而且可以调整贸易自由化的节奏，以保证本国贸易利益的增加。中国各级政府一直鼓励和重点扶持对外贸易，改革开放40年来广州经济的外向度越来越高，出口能对经济发展发挥强劲的拉动作用，与中国各级政府出台的外贸政策密切相关。以政府为主导的强制性制度变迁是加速中国出口贸易发展的关键要素。出口生产能增加基础生产设施，促进工业化进程，加速经济增长，出口创汇成了考察外贸经营业绩的首要指标，这就引致各级政府出台偏向出口的优惠扶持政策，支持出口生产。财政政策、产业政策、关税政策、税收政策，以及和其他政策的协调配合，都直接或间接地鼓励和促进外贸出口的发展，提高出口总量。

2. 政府引领金融机构为出口企业提供资金支持

1978 年以来，中国各级政府的政策对金融机构具有决定性的影响。在 1994 年中国进出口银行成立之前，中国虽然没有专门为出口企业提供资金支持的金融机构，但是外贸企业可以向国家银行申请贷款。1978~1991 年，中国银行对出口企业提供金融支持的两种主要方式是生产投资和流动资金贷款。给出口企业贷款的风险相对不高，再加上中国各级政府的层层行政干预，金融机构明显偏好向出口企业贷款，这从审批程序中可见一斑。1985 年以前，中国政府的指令性计划几乎可以操控大部分金融贷款；1985 年以后，外贸改革全面开展，在贷款分配上国家银行的自主性增强，但政府仍掌握最终决定权。集中金融资源优先发展外贸，是中国在促进外贸发展时期的必然选择。在政府主导型金融模式向自由化模式的过渡期，政府主导的"计划分配"型信贷配给没有削弱，反而加强了。为促进出口企业的资本积累、技术进步，实现规模经济，最终提高出口总量和丰富出口结构，中国各级政府长期努力动员国有银行给出口企业提供贷款。

3. 银行贷款规模决定企业出口规模

资金要素是企业生产的第一要素，出口企业要获得进入市场的资金并完成订单，需要先行融资。金融机构是企业融资的主要渠道，而中国金融系统改革较迟缓，主要的金融机构是银行。银行通过减少企业融资约束、提供贸易风险管理和技术创新等渠道提高出口产品的竞争力，以促进出口总量的增长。出口企业获得银行贷款多少与出口市场导向有关（Du，J. and Girma，S.，2007）。发展中国家通过贷款干预的金融约束战略能达到提高外贸出口水平和优化贸易结构的效果（Hellman，T.，Murdock，K. and Stigliz，J.，2000），韩剑、王静（2012）证明了银行贷款约束不但对中国企业选择出口具有决定性影响，而且出口可以有效解决企业贷款难的问题。银行对出口企业提供的资金支持力度越大越有助于提升技术效率，进而影响企业出口决策（李少华、徐琼，2009），规模经济效应和技术创新能力越能够获得提升，出口的可持续增长动力越充足，企业出口总量越能得到提高。中国国有银行长期独大，信贷资源首先响应政府的外贸政策，向出口企业倾斜。出口企业融资80%左右依靠银行，银行贷款规模决定出口的增长速度，银行贷款成为提升中国企业外向度的重要影响变量。银行贷款总额和各级政府政策相呼应，只要有促进出口的政策文件出台，银行贷款总额就会有相应的增加。

4. 广州市贷款总额增量与中国各级政府政策之间的关系

图3-3显示了1979~2016年广州市银行贷款总额年增量长期上涨的趋势。在改革开放初期，广州市贷款总额增量很小，波动趋势不能在图3-3中清晰地显示出来，我们将1979~1994年的贷款总额年增量单独做图，见图3-4，从而找到清晰的拐点年份。

自1978年起，中国各级政府设立扶持出口产品生产的专项资金，用于支持企业生产农、副、土、特、新等产品和进行新产品试制，实行奖励、补贴、出口供货等奖励制度，并对外贸企业的简易建筑进行财政拨款扶持，是年，广州市贷款总额明显上升，1980年贷款总额增量上升明显。1983年，中国各级政府对钟表、缝纫机、自行车等17种商品及其零部件实行出口退税政策，广州市贷款总额年增量从1983年的5.61亿元急剧增加到1984年的34.49亿

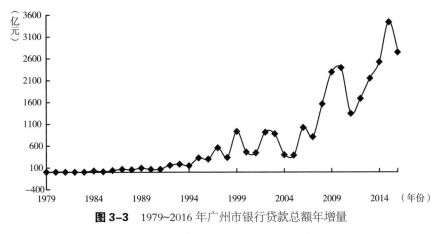

图3-3　1979~2016年广州市银行贷款总额年增量

资料来源：根据历年《广州市统计年鉴》中贷款总额指标整理计算。

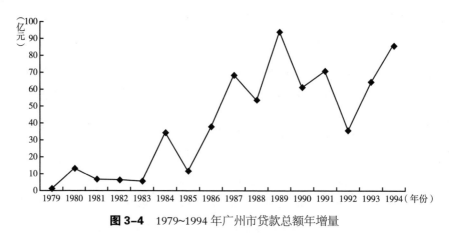

图 3-4 1979～1994 年广州市贷款总额年增量

资料来源：历年《广州市统计年鉴》。

元，仅仅一年的时间贷款总额增量剧增 5 倍多。自 1985 年起，中国各级政府对除原油、成品油以外的产品实行针对生产环节最后一道产品税和增值税的退税政策。广州市贷款总额增量从该年的 11.59 亿元增加到 1987 年的 68.63 亿元。1987 年，中国各级政府加大出口退税的政策力度，开始退还出口商品各环节的累计间接税和增值税，扩大出口退税规模，广州市贷款总额增量滞后两年显著增长。

1998 年 7 月和 1999 年 1 月，中国各级政府分别提高了出口商品退税率，1999 年设立中小企业国际市场开拓资金，1999 年广州市贷款总额增量又开始增长。2001 年，中国出口信用保险公司成立，支持商品、技术和服务等出口，还提供封闭贷款，鼓励企业多收汇和推行出口退税账户托管制度等。2002 年广州市贷款总额增量增长趋势明显，从 2001 年的 441.01 亿元增长到 2002 年的 920.71 亿元。2003 年中央和地方退税负担比例为 75 : 25，2005 年为 92.5 : 7.5，取消原油退税，贷款总额增量敏感地下降。2005～2007 年，中国各级政府完善出口退税管理制度，加快退税进度，改革人民币汇率形成机制，建立有管理的浮动汇率制度。2006 年广州市贷款总额增量增长。2008 年，中国各级政府开征或提高了资源性产品的出口关税，抑制高耗能、高污染和资源型产品的出口。2010 年 6 月，出台《关于取消部分商品出口退税的通知》，决定取消部分钢材、有色金属加工材料等 406 个税号的退税率，有利于优化产品结构，提高出口产品的质量和档次。2011 年贷款总额增量下降。2012 年，《关于加快转变外贸发展方式的指导意见》指出政府要完善财政对外贸支持的稳定机制。建立和完善金融支持体系。鼓励商业银行开展信贷支持，加大对中小企业进出口信贷的支持力度。2014~2015 年，广州市贷款总额增量明显上升。综合上面的分析，可以用广州市贷款总额增量替代政府政策变量。中国各级政府政策和广州市贷款总额增量拐点吻合程度情况见表 3-4。

表 3-4　中国各级政府政策和广州市贷款总额增量拐点吻合程度

年份	中国各级政府政策主要内容	政策是否促进出口	贷款总额增量是否上升	是否吻合
1978	自 1978 年起，设立扶持出口产品生产的专项资金，用于支持企业生产农、副、土、特、新等产品和进行新产品试制。实行奖励、补贴、出口供货等奖励制度，并对外贸企业的简易建筑进行财政拨款扶持	促进	上升	吻合
1983	对钟表、缝纫机、自行车等 17 种商品及其零部件实行出口退税政策	促进	上升	吻合
1985	自 1985 年起，对除原油、成品油以外的产品实行针对生产环节最后一道产品税和增值税的退税政策	促进	上升	吻合
1986	1986 年开始对 10 类产品退还产品税和增值税	促进	上升	吻合
1987	1987 年国家加大出口退税的政策力度，开始退还出口商品各环节的累计间接税和增值税，扩大出口退税规模	促进	上升	吻合
1998~1999	1998 年 7 月和 1999 年 1 月分别提高了出口商品退税率，平均退税率提高到 15%。最高档 17%，主要是机械设备、运输工具等；第二档 15%，包括除第一档之外的工业制成品；第三档 13%，主要是以农产品为原料的产品；第四档 5%，主要是农产品	促进	上升	吻合
2001	2001 年，成立中国出口信用保险公司，支持商品、技术和服务等出口。国家还提供封闭贷款，鼓励企业多收汇和推行出口退税账户托管制度	促进	上升	吻合

续表

年份	中国各级政府政策主要内容	政策是否促进出口	贷款总额增量是否上升	是否吻合
2003~2005	2003 年中央和地方退税负担比例为 75∶25，2005 年为 92.5∶7.5，取消原油退税。以农产品为原料的工业品以及船舶、汽车等关键零部件的退税率维持 17% 不变，其余从 17% 下调为 12%	不促进	下降	吻合
2005	2005 年 7 月 21 日，改革人民币汇率形成机制，建立有管理的浮动汇率制度	促进	上升	吻合
2010	2010 年 6 月，出台《关于取消部分商品出口退税的通知》，决定取消部分钢材、有色金属加工材料等 406 个税号的退税率，有利于优化产品结构，提高出口产品的质量和档次	不促进	下降	吻合
2012	2012 年，《关于加快转变外贸发展方式的指导意见》指出政府要完善财政对外贸支持的稳定机制。建立和完善金融支持体系。鼓励商业银行开展信贷支持，加大对中小企业进出口信贷的支持力度	促进	上升	吻合

注：贷款总额增量上升可能滞后于政策 1~2 年发生。

资料来源：中华人民共和国商务部（http://www.mofcom.gov.cn/）、广东省商务厅（http://www.gdcom.gov.cn/）、广州市商务委员会（http://www.gzboftec.gov.cn/）。

二 汇率变动对出口总额的影响机理

从逻辑角度讨论，在其他条件不变时，本币贬值一般会造成一国出口额增长，本币升值会降低本国出口产品的国际竞争力，抑制商品出口。近年来，对汇率与出口之间的关系进行实证研究的方法主要有最小二乘法、广义矩估计、向量自回归及协整分析等。从文献角度看，人民币汇率变动对出口的影响有以下几种结论：其一，人民币汇率波动对中国进出口具有显著影响（王宇哲、张明，2014，第27~40页）；其二，对贸易收支的影响存在J形曲线效应（卢向前、戴国强，2005，第31~39页）；其三，人民币实际有效汇率变动对服务出口具有显著负面的滞后效应（戴翔、张二震，2014，第22~34页）；其四，汇率预期会通过价格效应和替代效应两个渠道影响出口需求和价格，在持续性单向汇率预期和双向汇率预期下汇率预期传递效应存在明显差异（李艳丽、彭红极，2014，第69~85页）。

三　贸易伙伴国经济增长对出口的影响机理

国内生产总值代表一国经济总量。在其他条件不变时，进口国经济增长加速，国民收入提高，进口商品需求增加，促进出口的增长。反之则反是。长期以来，美国是世界经济的龙头，美国的总产出走势可以替代世界经济走势。以年作为一个周期，有效消除了季节变动，是一个代表性较好的统计周期，所以我们用美国的年度GDP代表该年美国的经济水平。

四　关税对出口的影响机理

关税指出口或进口商品在经过一国关境时征收的税收，在贸易政策中占有重要地位。关税以市场机制为基础，透明度较高，为了鼓励本国商品出口，一国出口关税往往尽可能地低，而进口关税则往往是对付外国出口商品进入本国过多的有力武器。于是，在其他条件不变时，贸易伙伴国进口关税的变化对出口有负向影响。关税的两个基本功能是增加财政收入和保护本国经济。

第四节　广州出口总量影响因素的实证分析

一　模型构建与数据选取

基于以上研究机理的分析，我们加入中国各级政府政策变量 G，建立广州市出口函数：

$$EX = f\ (Y_f,\ e,\ T,\ G) \qquad\qquad （3-1）$$

在式（3-1）中，EX 表示广州市出口总额，Y_f 表示贸易伙伴国经济增长，e 表示人民币对美元汇率，T 表示贸易伙伴国对中国的关税税率，G 表示中国各级政府政策变量。各变量的统计量做如下选取。

1. **贸易伙伴国经济增长（Y_f）**

美国和中国是全球最大的发达国家和发展中国家，GDP 稳居全球前两位，两国关系是当今世界最重要的双边关系。改革开放 40 年来，美国与中国一直有着紧密的外贸关系，2016 年美国从中国的进口额占比为 20%。我们用1978~2016 年美国 GDP 代表广州市贸易伙伴国经济增长，资料来源于国际货币基金组织数据库[①]。

2. **人民币对美元汇率（e）**

采用直接标价法，即一单位的美元折算成人民币时所采用的汇率，此时汇率值越高，表示人民币的价值越低。

3. **贸易伙伴国对中国的关税税率（T）**

本书分析以美国 GDP 代表广州市贸易伙伴国经济增长，因此，以美国对中国的关税税率来代表贸易伙伴国对中国的关税税率。改革开放 40 年以来，美国对中国的关税数据很难搜集。在有关关税税率的文献中，没有一篇是研究 1978~2016 年美国对中国进口商品关税税率的。而汪亚楠和周梦天（2017，第 127~143 页）根据 WTO 的 Tariff Download Facility 数据库计算得出美国对中国出口产品平均关税税率由 2000 年的 39.06% 下降为2006 年的 3.58% 的结论也是有待考证的，因为无论从加权算术平均数的角度，还是从简单算术平均数的角度来计算，关税水平的下降幅度都没有这

---

① http://www.imf.org/external/index.htm。

么大。WTO 的子数据库 WITS 数据库也只提供了 1992~2016 年美国进口中国商品的关税税率的加权算术平均数，而 1978~1991 年的数据是缺失的。最终我们从 Romalis 关税数据库中导出美国的关税税率到 Matlab 软件，应用 Matlab 软件计算出简单算术平均数[①]。

4. 中国各级政府政策变量（G）

中国各级政府促进出口的对外贸易政策有财政、出口补贴、出口退税、外汇和关税管理以及产业调整等政策。根据前文中对出口影响机理的研究分析，我们认为可以采用广州市贷款总额年增量替代中国各级政府政策变量。

以上各变量的统计量可汇总为表 3-5。

表 3-5 被解释变量、解释变量及指标说明

变量类型	变量名称	符号	测量指标	单位
被解释变量	广州市出口总额	EX	广州市出口总额	亿美元
解释变量	贸易伙伴国经济增长	Y_f	美国 GDP	亿美元
	人民币对美元汇率	e	人民币对美元的年度汇率	—
	贸易伙伴国对中国的关税税率	T	美国对中国的关税税率	%
	中国各级政府政策变量	DL	广州市贷款总额年增量	亿元

说明：DL 表示广州市贷款总额年增量，是中国各级政府政策变量 G 的替代变量。

二 各变量的描述性统计分析

考虑到研究数据的可得性、真实性以及有效性，本书相关变量资料来源于 1978~2016 年的《中国统计年鉴》、《广州市统计年鉴》、《广州市海关年鉴》

[①] 由于 Romalis 关税数据库中 1978~1991 年美国进口中国的商品额数据缺失，因此，不能计算加权算术平均数。

以及世界银行、国际货币基金组织、WTO 数据库、WITS 数据库等网站。各变量的数据见表 3-6，各变量数据的描述性统计分析见表 3-7。

表 3-6　模型的解释变量和被解释变量数据

变量 年份	广州市 出口总额 （亿美元） EX	出口总额 取对数 lnEX	美国 GDP （亿美元） Y_f	美国 GDP 的对数 $lnlnY_f$	外汇 汇率 e	关税 税率 （%） T	金融机构 贷款总额 （亿元） D	贷款总额 年增量 （亿元） DL
1978	1.34	0.2926696	23570	2.3093353	168.36	7.52	26.04	—
1979	1.63	0.48858	26320	2.3202368	155.49	7.32	26.96	0.92
1980	2.1176	0.7502834	28630	2.3284683	149.84	6.87	40.25	13.29
1981	2.8868	1.0601486	32110	2.3395844	170.5	6.61	47.04	6.79
1982	2.9373	1.0774908	33450	2.3435166	189.25	6.27	53.5	6.46
1983	3.4397	1.2353843	36380	2.3515442	197.57	5.99	59.11	5.61
1984	2.7835	1.0237091	40410	2.3614984	232.7	5.62	93.6	34.49
1985	3.1446	1.1456867	43470	2.3683566	293.67	5.37	105.19	11.59
1986	5.2726	1.6625236	45900	2.3734368	345.28	5.13	142.95	37.76
1987	7.3886	1.9999383	48700	2.378938	372.21	4.73	211.58	68.63
1988	14.59	2.6803364	52530	2.3859276	372.21	4.68	265.08	53.5
1989	17.7	2.8735646	56580	2.3927375	376.51	6.12	359.28	94.2
1990	23.55	3.1591258	59800	2.3977826	478.32	6.01	420.38	61.1
1991	29.42	3.3816747	61740	2.4006811	532.33	6.12	491.13	70.75
1992	36.87	3.6073982	65390	2.4058747	551.46	6.17	651.21	160.08
1993	64.49	4.1665102	68790	2.4104357	576.2	6.10	835.6	184.39
1994	86.69	4.4623385	73090	2.4158644	861.87	6.03	984.48	148.88
1995	95.67	4.5609048	76234	2.4196179	835.1	5.35	1312.15	327.67
1996	91.36	4.5148077	78064	2.4217258	831.42	5.05	1605.22	293.07
1997	105.95	4.6629673	81109	2.4251168	828.98	4.9	2166.01	560.79
1998	103.38	4.6384115	84272	2.4284955	827.91	4.54	2502.12	336.11
1999	98.67	4.5917809	92992	2.4371395	827.83	4.23	3435.71	933.59
2000	117.91	4.7699216	98729	2.4423587	827.84	4.24	3895.49	459.78
2001	116.24	4.755657	99914	2.4433956	827.7	4.14	4336.5	441.01

续表

变量 年份	广州市出口总额（亿美元）	出口总额取对数	美国GDP（亿美元）	美国GDP的对数	外汇汇率	关税税率（%）	金融机构贷款总额（亿元）	贷款总额年增量（亿元）
	EX	$\ln EX$	Y_f	$\ln\ln Y_f$	e	T	D	DL
2002	137.78	4.9256582	104456	2.4472499	827.7	4.07	5257.21	920.71
2003	168.89	5.1292476	109885	2.4516247	827.7	3.92	6127.27	870.06
2004	214.74	5.369428	117335	2.4572604	827.68	3.78	6535.39	408.12
2005	266.68	5.5860494	124857	2.4625694	819.17	3.8	6908.03	372.64
2006	323.77	5.7800334	132446	2.467585	797.18	3.74	7931.78	1023.75
2007	379.03	5.9376154	138438	2.4713297	760.4	3.65	8737.05	805.27
2008	429.26	6.0620628	142646	2.4738559	694.51	3.75	10304.73	1567.68
2009	374.03	5.924336	142563	2.4738069	683.1	3.82	12598.16	2293.43
2010	483.79	6.1816509	146578	2.4761445	676.95	3.79	14987.73	2389.57
2011	564.74	6.3363654	150940	2.4786067	645.88	3.82	16333.43	1345.7
2012	589.15	6.3786808	156848	2.4818213	631.25	3.69	18023.02	1689.59
2013	628.07	6.4426516	168000	2.4875464	619.32	3.68	20172.97	2149.95
2014	727.13	6.5891053	174190	2.4905492	614.14	3.59	22688.33	2515.36
2015	811.67	6.6990939	179470	2.4930206	622.84	3.6	26136.95	3448.62
2016	781.77	6.6615606	185691	2.4958333	664.23	3.61	28885.54	2748.59

资料来源：历年《中国统计年鉴》、《广州市统计年鉴》、《广州市海关年鉴》以及世界银行、国际货币基金组织、WTO 数据库、WITS 数据库等。

表 3-7　相关变量数据的描述性统计分析

变量	均值	标准差	标准差系数	最大值	最小值
EX	202.9726	246.85386	1.2162	811.67	1.34
Y_f	91859.4103	48656.90201	0.5297	185691.00	23570.00
e	578.0190	245.38822	0.4245	861.87	149.84
T	4.9082	1.18926	0.2423	7.52	3.59
DL	759.4605	932.69989	1.2281	3448.62	0.92

广州市的出口总额均值是 202.97，但是标准差是 246.85，标准差比均值还要大，说明广州市的出口总额增长幅度很大，40 年来广州市出口总量实属突飞猛进。从标准差系数来看，广州市出口总额和政府变量的波动性都明显大于其他变量。广州市的出口总额最小值是 1978 年的 1.34 亿美元，最大值是 2015 年的 811.67 亿美元，呈显著增长趋势。从标准差系数来看，美国 GDP 波动性不大，40 年来增长平稳。人民币的汇率最小值是 1980 年的 149.84，最大值是 1994 年的 861.87，相对于其他变量的波动性，汇率的波动性不算突出。美国对中国的关税税率是所有变量中波动性最小的，这和我们采用的是简单算术平均数略有关系。关税税率的最大值是 1978 年的 7.52%，最小值是 2014 年的 3.59%，美国对中国进口商品的关税税率呈降低趋势。中国各级政府政策变量的替代变量——贷款总额年增量的最小值是 1979 年的 0.92 亿元，最大值是 2015 年的 3448.62 亿元。2016 年和 2015 年相比，中国各级政府政策变量取值变小，广州市出口总额下降，侧面验证了政府政策变量对出口的促进作用。

三 平稳性检验和协整检验

由于回归模型中使用的各变量是时间序列数据，回归前需要进行数据的平稳性检验。蒙特卡洛模拟表明，两个相互独立的 $I(1)$ 变量相关系数呈倒 U 形分布，两个相互独立的 $I(2)$ 变量相关系数呈 U 形分布，和平稳序列相关系数的分布完全不同。使用 $I(1)$ 变量或者 $I(2)$ 变量进行回归，会增加拒绝原假设的概率，进而造成伪回归或者虚假回归，实证分析失去有效性。为了避免伪回归，回归之前需要对模型涉及的所有变量进行平稳性检验。如果所有变量均是平稳序列，则可以直接进行回归；否则，需要对各变量做协整检验。对本书涉及的所有变量进行 ADF 单位根检验，结果如表 3-8 所示。

表 3-8 解释变量和被解释变量的 ADF 单位根检验结果

变量	ADF	1% 显著性水平	5% 显著性水平	10% 显著性水平	P 值	结论
$\ln EX$	−1.75	−3.62	−2.94	−2.61	0.40	非平稳
$\ln\ln Y$	−2.44	−4.23	−3.54	−3.20	0.35	非平稳
e	−0.76	−4.23	−3.54	−3.20	0.96	非平稳
T	−2.00	−3.62	−2.94	−2.61	0.29	非平稳
DL	0.03	−3.62	−2.94	−2.61	0.96	非平稳
$\Delta\ln EX$	−2.00	−2.63	−1.95	−1.61	0.04	平稳
$\Delta\ln\ln Y_f$	−2.09	−2.63	−1.95	−1.61	0.03	平稳
Δe	−3.34	−2.63	−1.95	−1.61	0.00	平稳
ΔT	−3.38	−2.63	−1.95	−1.61	0.00	平稳
ΔDL	−5.46	−3.62	−2.94	−2.61	0.00	平稳

表 3-8 中各变量的 ADF 单位根检验结果表明，模型中所有涉及的变量均为 I（1）序列，非平稳，不可以直接回归，需要做协整检验，JJ 协整检验结果如表 3-9 所示。

表 3-9 各变量的 JJ 协整检验结果

CE 的个数	特征根	迹统计量	5% 显著性水平	P 值	λ-max 统计量	5% 显著性水平	P 值
不存在协整关系	0.62	68.64	60.06	0.0079	35.12003	30.44	0.0121
存在 1 个协整关系	0.40	33.52	40.17	0.1987	18.31884	24.16	0.2534
存在 2 个协整关系	0.25	15.20	24.27	0.4394	10.42002	17.80	0.4419
存在 3 个协整关系	0.12	4.78	12.32	0.5978	4.420210	11.22	0.5626
存在 4 个协整关系	0.01	0.36	4.13	0.6089	0.364760	4.13	0.6089

表 3-9 中协整检验的迹统计量和 λ-max 统计量表明模型涉及的全部变量存在协整关系，有协整关系的变量可以直接回归，不会出现伪回归现象。

回归结果见式（3-2）。

$$\ln EX = 1.385539\ln\ln Y_f + 0.003895e - 0.422893T + 0.000717DL + [ma(1) = 0.82]$$

$$(2.98) \qquad (5.72) \qquad (-2.70) \qquad (4.80) \qquad (8.03)$$

$$\text{Adj}\, R^2 = 0.96; \; White = 7.70\,(0.46); \; LM(1) = 2.24\,(0.134); \; JB = 0.80\,(0.67);$$
$$(3-2)$$

$$SSE = 0.41; \; n = 39$$

调整的可决系数（Adj R^2）高达 0.96，说明模型回归结果很好，全部自变量能解释因变量 96% 的变动；White 异方差检验和自相关 LM 检验结果表明模型不存在异方差和自相关；正态性 JB 统计量检验结果表明随机扰动项符合正态分布假设；4 个自变量的系数均通过 1% 显著性水平检验。考虑到模型所用变量单位不同，为判断各自变量对因变量的影响大小，我们引入 Beta 系数方法消除因各变量单位不同造成的影响。

$$Beta = \hat{\beta}_i \cdot \frac{S_{Xi}}{S_Y} \quad i = 1, 2, 3, 4, \cdots \qquad (3-3)$$

利用式（3-3）计算的各变量 Beta 系数见表 3-10。

表 3-10 测度各个解释变量重要性的 Beta 系数

变量名	Y_f	e	T	DL
Beta 系数	4.065	1.958	1	1.375

注：各变量的 Beta 系数计算过程为：$Beta(\ln\ln mgdp) = 1.385539 \times 0.051/1.98 = 0.0357$，$Beta(e) = 0.0039 \times 239/1.98 = 0.47$，$Beta(T) = 0.423 \times 1.124/1.98 = 0.24$，$Beta(DL) = 0.0007 \times 932.7/1.98 = 0.33$，考虑到 $\ln\ln mgdp$ 是 $mgdp$ 取了两次对数的结果，我们采用原变量的标准差，计算得到 $Beta(mgdp) = 0.0000397 \times 48657/1.98 = 0.9756$。将 Beta 系数最小值 $Beta(T)$ 标准化为 1，则 $Beta(DL) = 1.375$，$Beta(e) = 1.958$，$Beta(mgdp) = 4.065$。

根据上述公式和计算结果我们得出，在广州出口的众多影响因素中，贸易伙伴国经济增长是最重要的影响因素，系数高达 4.065；其次是人民币对美元汇率,系数为1.958;再次是中国各级政府政策变量,系数为1.375;最后是贸易伙伴国对中国的关税税率,系数为1。贸易伙伴国经济增长的影响程度是人民币对美元汇率的2倍以上,是最不重要的影响因素——贸易伙伴国对中国的关税税率的4倍;人民币对美元汇率显著地正向影响出口总额,但是,没有贸易伙伴国经济增长重要;在影响广州市出口总额变动的众多因素中,关税税率的影响最不重要。

需要说明的是,在改革开放40年的经济史上,各变量重要性的比较依据是各变量的活跃程度。历史上某影响因素不活跃,不能表明现在和今后不活跃。在广州市出口总额的4个影响因素中,有的变量是中国难以控制的,如贸易伙伴国经济增长、贸易伙伴国对中国的关税税率(贸易伙伴国可以控制);有的变量是可以在一定程度上控制的,如中国各级政府政策变量和人民币对美元汇率,其中,可控程度较大的是中国各级政府政策变量。

第五节 广州出口结构变动分析

一 出口商品结构变动

《国际贸易标准分类》(Standard International Trade Classification,SITC)将商品分为10大类,63章,223组,786个分组和1924个项目。0类:食品及主要供食用的活动物(以下简称食品等);1类:饮料和烟草;2类:粗材料(不能食用);3类:矿物燃料、润滑剂及有关原料(以下简称矿物燃料等);4类:动物和植物油脂及蜡;5类:化学品及有关产品(以下简称化学品等);6类:轻纺产品、橡胶制品、矿业产品及其制品(主要以材料分类的制成品)(以下简称轻纺产品等);7类:机械和运输设备;8类:杂项制品;9类:未分类的其他商品。1981~2016年广州各类出口商品在出口额中的占比详见表3-11。

表 3-11　1981~2016 年广州市出口商品占比（按照 SITC 分类）

单位：%

年份	初级产品占比					工业制成品占比				
	小计	0 类：食品等	1 类：饮料和烟草	2 类：粗材料	3 类：矿物燃料等	小计	5 类：化学品等	6 类：轻纺产品等	7 类：机械和运输设备	8 类：杂项制品
1981	23.97	16.14	7.84	0	0	76.03	38.75	5.68	4.55	27.04
1982	27.01	18.78	8.23	0	0	72.99	33.42	5.38	9.86	24.32
1983	25.60	15.64	9.96	0	0	74.60	35.31	6.01	8.88	24.40
1984	10.66	4.59	2.68	2.46	0.93	89.34	12.25	75.01	1.92	0.16
1985	10.72	4.79	1.91	2.64	1.38	89.28	7.17	76.96	4.85	0.30
1986	23.36	21.26	0.00	0.00	2.10	76.64	6.60	68.65	1.30	0.09
1987	25.09	23.54	0	0	1.55	74.91	5.90	67.41	1.57	0.03
1988	22.95	20.81	0	0	2.14	77.05	6.59	68.10	2.35	0.01
1989	25.00	24.64	0	0	0	75.00	7.76	60.95	4.56	1.73
1990	23.60	23.54	0	0	0	76.40	7.34	63.23	5.64	0
1991	23.81	23.81	0	0	0	76.22	6.89	59.40	9.93	0
1992	3.36	2.86	0.01	0	0.30	96.64	10.37	14.73	8.16	57.86
1993	7.11	2.95	0.86	2.70	0.32	92.89	5.13	10.47	5.02	68.97
1994	5.99	4.72	0.82	0.16	0.03	94.01	5.57	11.03	5.62	62.29
1995	9.69	9.04	0	0.54	0.00	90.31	3.18	64.58	5.16	16.10
1996	4.80	4.82	0	0	0	95.20	4.73	73.53	17.35	0
1997	5.52	5.52	0	0	0	94.48	6.10	52.70	11.96	23.64
1998	10.48	4.45	0	5.94	0.05	89.52	6.64	41.09	22.96	12.92
1999	10.48	1.34	1.27	5.29	0.38	89.52	3.72	35.27	21.24	10.49

续表

年份	初级产品占比					工业制成品占比				
	小计	0类：食品等	1类：饮料和烟草	2类：粗材料	3类：矿物燃料等	小计	5类：化学品等	6类：轻纺产品等	7类：机械和运输设备	8类：杂项制品
2000	8.72	0.71	0.99	3.99	0	91.28	3.68	21.79	24.88	14.02
2001	8.36	0.66	0.92	3.99	0	91.64	3.75	21.75	25.79	13.48
2002	4.85	0.44	0.89	3.47	0	95.15	3.55	21.40	30.91	11.88
2003	3.46	1.52	0	0	0	96.54	9.39	20.95	38.31	2.72
2004	2.60	0.42	0.93	0.55	0.55	97.40	11.71	23.09	41.37	15.94
2005	3.00	1.00	1.00	0	1.00	97.00	4.00	32.26	38.84	22.01
2006	5.00	5	0	0	0	95.00	8	28	53	6
2007	4.85	4.85	0.00	0.00	0.00	95.35	8.27	59.59	27.49	0.00
2008	4.46	4.46	0	0.00	0	95.54	7.29	57.89	11.63	0.00
2009	4.85	4.85	0.00	0.00	0.00	95.15	0.07	62.20	32.88	0.00
2010	3.50	0.49	0.49	0.04	2.42	96.50	3.27	23.81	49.96	22.72
2011	3.56	0.53	0.53	0.02	2.42	96.44	3.48	24.09	49.83	22.50
2012	3.62	0.51	0.51	0.03	2.50	96.38	2.92	24.54	47.37	24.47
2013	3.25	0.26	0.59	0.24	2.52	96.75	2.80	36.13	44.10	6.88
2014	3.91	0.23	0.60	0.22	2.14	96.09	2.29	43.88	42.71	7.87
2015	2.95	0.19	0.47	0.17	2.09	97.05	1.91	44.42	42.25	8.47
2016	2.67	0.18	0.51	0.17	1.78	97.33	1.96	43.26	43.66	8.18

注：初级产品中的 4 类（动物和植物油脂及蜡）和工业制成品中的 9 类（未分类的其他商品）占比较低，略去。部分数据存在差异的原因有二：第一，舍弃了一些小类出口品；第二，统计口径经常变动，导致数据出现前后不一致的现象。各类产品自身纵向变动趋势基本符合现实情况。

资料来源：根据广州市历年统计年鉴整理计算。

1. 初级产品和工业制成品出口占比分析

1981~2016 年，广州市工业制成品出口占比一直明显高于初级产品出口占比，1981~1991 年两者之比为 2∶8 左右。1986 年中国各级政府开始对 10 类产品退还产品税和增值税。1987 年国家加大出口退税的力度，开始退还出口各环节的累计间接税和增值税，扩大出口退税规模。自 1992 年起，工业制成品出口占比突然增加（见图 3-5），达到 96.64%，其后一段时期内，两者之比从 2∶8 发展到 1∶9 左右；2002 年之后，工业制成品出口占比进一步增加；2016 年，工业制成品出口占比高达 97.33%，初级产品出口占比下降到 2.67%，工业制成品出口占绝对优势。这和全国出口结构情况不完全一致：改革开放初期到 1986 年，中国的初级产品和工业制成品出口占比大体上是 1∶1，1986 年以后，中国工业制成品出口占比才开始突飞猛进。

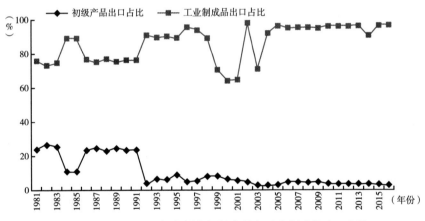

图 3-5 1981~2016 年广州市初级产品和工业制成品出口占比

资料来源：同表 3-11。

2. 广州市、广东省三次产业占比和出口产品占比对比分析

广州市出口商品的原材料主要源自广东省内部，出口商品结构对产业结构调整不仅具有导向作用，而且两者互相促进，所以其发展趋势与广东省的农业、加工业占比变化趋势密不可分。我们整理出广东省三次产业占比和广

州市三次产业占比情况做对比分析（见表3-12），并做出图3-6和图3-7，以直观地观察两者变动趋势。1982年，广州市第一产业占比为12.23%，是整个样本期的最高点，这与广东省第一产业占比在1982年达到峰值（34.76%）的状况是完全一致的。图3-5和图3-7显示，改革开放以来广州出口的初级产品、工业制成品占比走势和广东省第一、第二产业占比趋势都呈现明显的"喇叭"形状。改革开放初期至1996年，初级产品占比和工业制成品出口占比都有小幅震荡，从1995年起，两者差距越来越大，趋势稳定，喇叭口张开的幅度增加。与此相呼应的是，广东省第一、第二产业占比的喇叭口在1995年前后开始扩大。自2011年起，广东省第三产业占比上升趋势明显，第二产业占比开始下跌，喇叭尾部开口变小。然而，广州市三次产业占比和广东省三次产业占比的变动趋势不同：广州市的第三产业占比从1978年起就开始扶摇直上，造成广州市第一产业和第二产业占比两条趋势线几近平行下降。

表 3-12 1978~2016年广州市、广东省三次产业占比

单位：%

年份	广州市			广东省		
	第一产业	第二产业	第三产业	第一产业	第二产业	第三产业
1978	11.67	58.59	29.74	29.76	46.61	23.63
1979	10.58	55.33	34.10	31.82	43.78	24.39
1980	10.85	54.52	34.64	33.23	41.07	25.69
1981	10.18	57.17	32.66	32.48	41.45	26.08
1982	12.23	56.19	31.58	34.76	39.82	25.41
1983	10.94	57.31	31.75	32.88	41.29	25.83
1984	10.18	52.46	37.36	31.66	40.88	27.4
1985	9.69	52.92	37.39	29.77	39.8	30.43
1986	9.46	50.24	40.30	28.22	38.33	33.5
1987	9.05	45.85	45.10	27.42	39.02	33.57
1988	9.49	47.55	42.96	26.53	39.83	33.7
1989	8.45	45.03	46.52	25.46	40.11	34.42

续表

年份	广州市			广东省		
	第一产业	第二产业	第三产业	第一产业	第二产业	第三产业
1990	8.05	42.65	49.30	24.67	39.5	35.83
1991	7.29	46.53	46.18	21.97	41.34	36.69
1992	6.98	47.25	45.77	19.03	44.96	36.01
1993	6.39	47.19	46.42	16.1	49.14	34.75
1994	6.15	46.24	47.61	14.99	48.78	36.23
1995	5.83	45.90	48.26	14.57	48.88	36.55
1996	5.53	45.77	48.70	13.68	48.39	37.93
1997	5.11	45.36	49.53	12.58	47.65	39.77
1998	4.69	43.31	51.99	11.66	47.68	40.6
1999	4.34	43.52	52.13	10.91	47.12	41.97
2000	3.79	40.98	55.23	9.18	46.54	44.27
2001	3.42	39.14	57.43	8.21	45.73	46.05
2002	3.22	37.81	58.98	7.52	45.5	46.98
2003	2.92	39.53	57.54	6.77	47.92	45.31
2004	2.63	40.18	57.19	6.47	49.2	44.34
2005	2.53	39.68	57.79	6.33	50.45	43.32
2006	2.11	40.14	57.74	5.76	50.64	43.58
2007	2.1	39.57	58.33	5.34	50.37	44.3
2008	2.04	38.95	59.01	5.36	50.29	44.35
2009	1.89	37.26	60.85	5.09	48.97	45.94
2010	1.75	37.24	61.01	4.97	49.57	45.4
2011	1.65	36.84	61.51	5.01	49.1	45.95
2012	1.58	34.84	63.59	4.98	47.66	47.3
2013	1.47	34.01	64.52	4.77	46.41	48.83
2014	1.31	33.47	65.23	4.67	46.34	48.99
2015	1.25	31.64	67.11	4.59	44.79	50.61
2016	1.22	29.42	69.35	4.65	42.76	52.59

资料来源：根据历年《广州市统计年鉴》和《广东省统计年鉴》相关栏目计算。

　　自然资源的差异会导致不同的出口结构。广东省的资源禀赋和产业结构决定了广州市的出口结构。广东省农业人口少，耕地面积小，矿产资源不足，不能满足工业发展的需要。1978年以来，在"三来一补"政策的促进下，利用便利的沿海地理优势，广东省的加工贸易业蓬勃发展，形成在世界上影响深远的服装、杂项生产基地。这样的出口结构在发生经济危机时也能免受过大损害，例如，在1997年亚洲经济危机时广州出口总量也未受太大影响，因此，广州市工业制成品出口占比呈增长态势，出口产业结构得到调整，带动了经济增长。经济增长反过来亦能促进需要大量资金和设备投入的工业制成品的出口，而对前期投入不多、技术含量不高的初级产品的促进作用并不明显，两者出口占比差距不断扩大。另外，附加值比较低的加工贸易占比较高，附加值高的机电产品以及高新技术品占比有待提高，出口商品结构的优化仍有很大空间。在出口退税等政策上应该对出口附加值高的机电产品和高新技术品等产业倾斜，减免"二高一资"行业的出口退税。

3. 初级产品出口结构分析

　　从广州市出口商品的分类构成来看（见图3-8），1981年，初级产品出

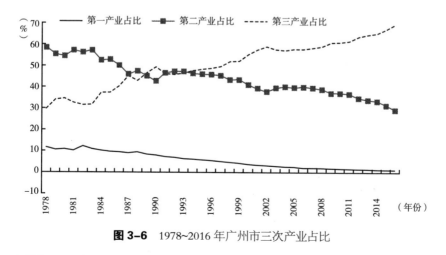

图3-6　1978~2016年广州市三次产业占比

资料来源：同表3-12。

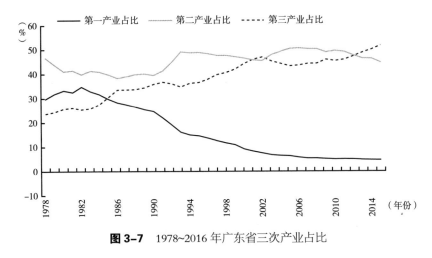

图 3-7 1978~2016 年广东省三次产业占比

资料来源：同表 3-12。

口以食品等为主；1982~1983 年饮料和烟草占比比较突出；1981~1983 年、1986~1991 年是广州市食品等出口占比的高峰期。自 1985 年起中国各级政府对除原油、成品油以外的产品实行针对生产环节最后一道产品税和增值税的退税政策，矿物燃料等产品出口占比从 1988 年开始下降，几近为零，直到 2010 年占比才有所提高。自 1998 年起粗材料类占比增加明显，2003 年跌到零，之后占比即使有，也始终不大。自 1992 年起，工业制成品占比大幅上升，初级产品占比大幅下降。1998~2002 年，初级产品中的粗材料超过食品等占比，处于出口的优势地位；2010~2016 年矿物燃料等占比突出，超过其他初级产品占比。

4. **工业制成品出口结构分析**

从图 3-9 观察，在 1981~2016 年的大部分年份中，广州市工业制成品出口都以轻纺产品等为主。其中，1981~1983 年出口以化学品等和杂项制品两大类为主，1981 年这两类在所有出口工业制成品中各占 38.75% 和 27.04%。1981~1983 年，轻纺产品等出口比较低迷。自 1983 年起，中国各级政府对钟表、缝纫机、自行车等 17 种商品及其零部件实行出口退税政策。在该项政策文件的驱动下，轻纺产品等出口占比在 1984 年骤增至 75.01%。在随后的几

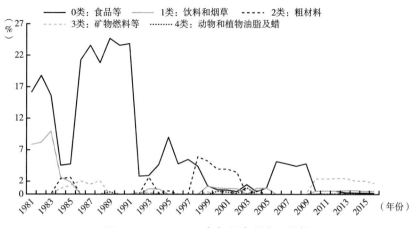

图 3-8 1981~2016 年初级产品出口结构

资料来源：同表 3-11。

年中，轻纺产品等出口占比长期居于主导地位。1987 年中国各级政府加大出口退税的政策力度，开始退还出口商品各环节的累计间接税和增值税，扩大出口退税规模。机械和运输设备出口占比开始稳步上升，2000~2006 年机械和运输设备类超过轻纺产品等，成为工业制成品出口中的领头羊。2007~2009年轻纺产品等出口占比再次超过机械和运输设备类，两者占比稳居工业制成品出口的前两位。2010~2016 年机械和运输设备类出口始终占比较高。

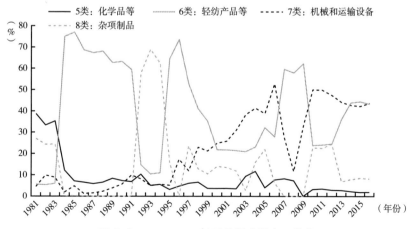

图 3-9 1981~2016 年工业制成品出口结构

资料来源：同表 3-11。

机电产品出口的增长是中国对外贸易政策全方位推进和加入世界贸易组织的成果。在中国加入世界贸易组织后的短期内，由于国际机电产业特别是IT 产业加速向广州转移，机电产品出口比重增加。广州市机电产品出口从2010 年的 1791.67 亿元[①] 增加到 2016 的 2685.14 亿元，增长了 49.87%。高新技术产品贸易的增长是中国实施科技兴贸战略的有效成果。占领国际高新科技的前沿，掌握国民经济发展以及工业化进程的制高点，是中国对外贸易转型升级的一项重要内容，也体现出中国投入要素参与国际经济交换的重要转折，技术要素在对外贸易中扮演着越来越重要的角色。2010 年广州的高新技术产品出口仅为 672.28 亿元，2016 年高新技术产品出口达到 929.03 亿元，增长 38%。

二 广州市出口的主要地区分布

由于广州市统计年鉴中 1978~1981 年广州市出口地区方面的数据缺失，我们从 1982 年后的历年广州市统计年鉴中找到广州市的主要出口地区，根据出口到该地区的出口额整理成表 3-13，[②] 并根据表 3-13 做出图 3-10。1982~1998 年，广州市出口商品主要是出口到中国香港地区，再中转出口。1992 年，国务院批准实施新的《海关进出口税则》，中美签署了《关于市场准入的谅解备忘录》，党的第十四次全国代表大会在北京举行。会议确定中国经济体制改革的目标是建立社会主义市场经济体制，扩大对外开放的领域，形成"多层次、多渠道、全方位"的对外开放新格局。是年，西方国家对中国出口停止制裁，出口环境明显好转，中国出口商品不需要再中转香港，可以直接出口。

---

① 广州统计信息网（www.gzstats.gov.cn）的统计信息手册中商品出口总值一栏是从 2010 年开始记录数据的。2010 年机电产品出口额为 2639116 万美元，当年年度汇率为 678.89。本段分析中使用的 2010 年数据都是根据该年年度汇率计算得出的。

② 出口额占比低于 1% 的单个地区我们没有统计在内。

表3-13　1982~2016年广州市主要出口国家和地区占比

单位：%

年份	中国香港	美国	新加坡	日本	主要欧洲国家	澳大利亚	中国台湾	韩国	总计
1982	61.69	5.39	2.6	1.92	2.67	—	—	—	74.27
1983	63.32	2.26	4.105	—	—	—	—	—	69.68
1984	54.84	2.67	4.943	—	—	—	—	—	62.45
1985	62.14	5.08	3.237	2.66	—	—	—	—	73.12
1986	61.68	5.39	2.598	1.92	2.67	—	—	—	74.26
1987	63.32	4.24	2.310	1.72	6.49	—		—	78.08
1988	65.61	4.99	2.441	2.23	4.32	—	—	—	79.59
1989	66.75	3.72	2.663	2.78	1.57	—	—	—	77.48
1990	74.37	4.91	2.033	2.54	3.11	—	—	—	86.96
1991	73.68	4.09	1.596	2.77	5.44	—	—	—	87.58
1992	73.08	5.75	1.445	2.35	4.61	—	—	—	87.23
1993	78.30	6.16	1.144	1.57	1.74	—	—	—	88.92
1994	77.41	7.61	0.762	1.92	1.97	—	—	—	89.67
1995	73.66	7.67	0.902	2.4	4.34	—	—	—	88.97
1996	66.18	7.61	0.901	2.46	5.1	—	—	—	82.25
1997	62.22	8.57	—	2.32	11.49	—	—	—	84.60
1998	62.56	8.88	—	2.13	11.91	—	—	—	85.48
1999	30.73	20.31	1.27	12.63	8.264	2.24			75.44
2000	37.21	25.67	—	7.97	10.5	1.66	—	—	83.01
2001	37.02	23.87	1.032	7.88	10.14	1.91	—	—	81.85
2002	36.73	24.45	1.132	7.24	11.25	1.82	—	—	82.61
2003	33.24	19.98	1.193	7.5	12.02	1.69	—	—	75.63
2004	36.64	26.34	1.836	7.53	14.24	1.81	1.2	—	90.80
2005	30.67	25.78	2.164	6.08	14.73	1.75	—	—	81.17
2006	27.67	22.81	2.300	5.27	11.17	1.55	—	1.4	72.17
2007	26.61	19.50	2.174	5.57	8.52	1.61	—	1.9	65.88
2008	25.57	17.61	2.156	5.84	10.93	—	—	2.6	64.71
2009	24.80	19.67	2.042	5.84	9.9	—	—	—	62.25

续表

年份	中国香港	美国	新加坡	日本	主要欧洲国家	澳大利亚	中国台湾	韩国	总计
2010	25.92	18.97	1.801	5.78	9.42	—	—	1.7	63.59
2011	23.77	17.72	—	5.16	7.37	—	3	2	62.02
2012	22.11	19.04	—	5.11	5.23	—	2.4	2.2	58.49
2013	21.52	18.01	2.056	4.78	3.07	—	2.6		54.64
年份	中国香港	美国	欧盟	东盟	日本	韩国	中国台湾	俄罗斯	总计
2014	19.84	16.38	13.600	11.88	4.35	2.4	2.4	1.649	74.90
2015	17.92	14.90	12.480	13.01	3.96	2.1	1.8	1.2	69.17
2016	18.54	14.57	13.330	12.24	4.4	1.9	1.6	1.15	69.33

注：表格内的占比是指出口到该国的出口额在当年广州市全部出口总额中的占比。

资料来源：根据历年《广州市统计年鉴》中的数据整理计算得到。

1999 年，国家税务总局颁布出口纺织机构有关退税问题的通知，外经贸部颁布关于进一步扶持鼓励机电产品出口意见的通知，广东省政府颁布鼓励扩大外贸出口和利用外资的通知，广州市人民政府颁布鼓励企业扩大出口和对出口实行奖励的通知。在中国各级政府政策文件的影响下，1999 年成为广州市出口地区分布的拐点[①]，出口到美国的占比直线上升到**20.31%**，通过香港中转出口的商品占比跳水，主要原因是出口到英国、法国、德国、荷兰、丹麦、比利时、意大利等欧洲地区以及加拿大、韩国等国家的占比上升，出口分布从改革开放初期主要集中在亚洲地区逐步扩散到欧洲、北美洲和大洋洲地区。

自 2014 年起，广州市统计年鉴出口地区统计口径发生变化，我们采用出口到欧盟和东盟的出口总额所占百分比计算。截至 2016 年，出口到非洲的占比并不突出，因此没有进入我们的统计范围。通过分析近年来广州出口地

---

① 这与前文提到的广州市出口依存度开始趋于稳定的时间（1999 年）完全吻合。

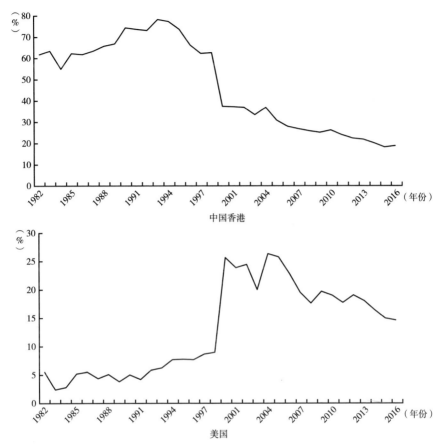

图 3-10　1982~2016 年广州市出口到中国香港（上图）和美国（下图）的占比情况

资料来源：同表 3-13。

区统计数据发现，广州虽然与世界绝大多数国家（地区）建立了贸易联系，但广州的出口并非在不同国家（地区）中平均分布。将每年的出口额按国家（地区）区分并排名，发现广州 60%~80% 的出口主要集中在 10 个左右的国家（地区）。也就是说，对排名前 10 位国家（地区）的出口很大程度上决定了广州当年的出口情况。虽然中国主要出口伙伴国（地区）依旧是中国香港、美国、日本、德国等，但其在出口贸易总额中的占比有所下降，出口至新兴经济体的占比不断提升，说明中国出口目的地日益多元化。

第六节　本章结论

一　主要结论

改革开放 40 年来，中国各级政府实施的有关政策对广州市出口的引领作用显著，确实提高了广州市出口总额，促进了经济发展。贸易伙伴国经济增长是广州市出口总量的第一影响因素，其次是人民币对美元汇率，再次是中国各级政府政策，最后是贸易伙伴国的关税税率。贸易伙伴国经济增长因素的重要程度是人民币对美元汇率影响程度的 2 倍以上，是贸易伙伴国关税税率的 4 倍。在影响出口变动的众多因素中，关税税率水平的重要性最小。

二　政策建议

众所周知，外贸出口的核心动力是出口产品竞争力的提升和出口结构的优化升级。既然政府政策对广州出口有较大影响，政府又可以在较大程度上控制这一变量，所以，在今后的宏观经济运行中，政府政策应该向提高产品竞争力和出口升级方向倾斜，支持出口产品在物理属性层面的"绝对优势"，而不是主打价格低廉的"比较优势"。

本章附录1：主成分分析

本章正文中提到的主成分分析的数据和用 SPSS22.0 运算结果整理如下。

附表 1 主成分分析中用到的各变量

变量 年份	专家 1 （分） X_1	专家 2 （分） X_2	专家 3 （分） X_3	中央政府 政策数量（个） X_4	广东省政府 政策数量（个） X_5	广州市政府 政策数量（个） X_6	出口额 （亿美元） X_7
1978	8	7	0	2	0	0	1.34
1979	8	8	1	8	0	0	1.63
1980	8	7	1	9	0	0	2.1176
1981	8	7	0	1	0	0	2.8868
1982	8	7	0	7	0	0	2.9373
1983	8	8	1	4	0	0	3.4397
1984	8	7	1	10	0	0	2.7835
1985	8	8	2	10	0	0	3.1446
1986	8	8	3	6	0	0	5.2726
1987	8	8	2	8	0	0	7.3886
1988	8	8	4	8	0	0	14.59
1989	8	8	2	3	0	0	17.70
1990	8	8	3	1	0	0	23.55
1991	8	8	5	6	0	0	29.42
1992	8	8	5	11	0	0	36.87
1993	8	8	4	7	0	0	64.49
1994	8	8	7	6	0	0	86.69
1995	8	8	6	2	0	0	95.67
1996	9	9	12	3	3	2	91.36
1997	8	8	7	3	0	0	105.95

续表

变量 年份	专家1（分）X_1	专家2（分）X_2	专家3（分）X_3	中央政府政策数量（个）X_4	广东省政府政策数量（个）X_5	广州市政府政策数量（个）X_6	出口额（亿美元）X_7
1998	9	9	16	4	1	1	103.38
1999	9	9	11	3	4	1	98.67
2000	8	9	10	5	3	0	117.91
2001	9	9	15	6	0	3	116.24
2002	9	9	14	4	2	0	137.78
2003	8	8	9	4	1	5	168.89
2004	8	8	8	6	1	1	214.74
2005	9	9	17	3	4	2	266.68
2006	9	9	13	5	2	1	323.77
2007	9	9	19	7	0	1	379.03
2008	9	9	23	0	0	2	429.26
2009	9	9	25	0	0	0	374.03
2010	9	9	18	1	0	3	483.79
2011	9	9	21	1	1	0	564.74
2012	9	9	22	3	0	2	589.15
2013	9	9	26	0	0	1	628.07
2014	9	10	29	2	0	2	727.13
2015	9	10	27	5	1	5	811.67
2016	71	71	40	4	4	3	781.77

注：X_1~X_3是专家打分结果；X_4~X_6引自中华人民共和国商务部（http://www.mofcom.gov.cn/）、广东省商务厅（http://www.gdcom.gov.cn/）和广州市商务委员会（http://www.gzboftec.gov.cn/）；X_7根据历年《广州市统计年鉴》中广州市出口额指标计算。

附表2　因子方差贡献率

序号	初始特征根			提取特征根		
	特征根	方差贡献率（％）	累计贡献率（％）	特征根	方差贡献率（％）	累计贡献率（％）
1	2.955	42.210	42.210	2.955	42.210	42.210
2	1.863	26.621	68.831	1.863	26.621	68.831
3	0.906	12.940	81.771	0.906	12.940	81.771
4	0.679	9.702	91.473			
5	0.355	5.078	96.551			
6	0.241	3.449	100.000			
7	3.22E−005	0.000	100.000			

注：提取方法为主成分分析法。

附表3　因子载荷矩阵

	因子		
	1	2	3
广州市政府政策数量	0.617	0.528	0.240
广东省政府政策数量	0.560	−0.111	−0.610
中央政府政策数量	−0.451	−0.465	0.555
出口额年增量	0.178	0.842	0.289
专家1	0.798	−0.545	0.195
专家2	0.816	−0.522	0.192
专家3	0.851	0.279	0.094

注：提取方法为主成分分析法，提取三个。

我们用附表3中的系数除以对应特征根（2.955，1.863，0.906）的平方根后，得到三个主成分的系数分别为：

$$F_1 = 0.36X_1 + 0.33X_2 - 0.26X_3 + 0.10X_4 + 0.46X_5 + 0.47X_6 + 0.50X_7$$

$$F_1 = 0.39X_1 - 0.08X_2 - 0.34X_3 + 0.62X_4 - 0.40X_5 - 0.38X_6 + 0.20X_7$$

$$F_1 = 0.325X_1 - 0.64X_2 + 0.58X_3 + 0.30X_4 + 0.20X_5 + 0.20X_6 + 0.10X_7$$

对 7 个变量做标准化处理后乘以对应系数，用 SPSS 中 compute 功能得出三个主成分的得分，再选择三个主成分的贡献率 42.21%、26.62%、12.94% 为权重，计算出综合得分 F，按照得分做出折线图，见附图 1。

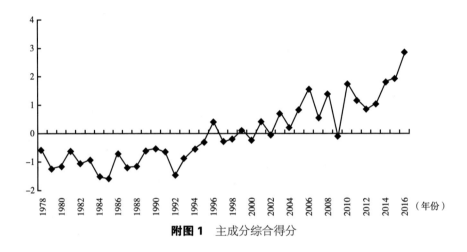

附图 1 主成分综合得分

本章附录2：改革开放以来中国各级政府促进出口相关政策汇总

附表 4 改革开放以来中国各级政府促进出口相关政策汇总

广州市政府政策数量	广东省政府政策数量	中央政府政策数量	年份	标题／内容	发文号／发文单位	发布（发生）时间
0	0	2	1978	与欧共体签订第一个贸易协定，双方给予最惠国待遇		1978.04
				十一届三中全会胜利召开，提出改革开放重大决策		1978.12.18~22
0	0	8	1979	中美正式建交外交关系，促进中美贸易		1979.01.01
				《关于成立进出口领导小组的通知》，建立进出口工作办公会议，对外开放政策进入具体实施阶段，7月升级为进出口管理委员会	中共中央、国务院	1979.03
				《关于开展对台贸易的暂行规定》	国家外贸部	1979.05
				实行国民经济"调整、改革、整顿、提高"八字方针的重大决策	中共中央	1979.06.18
				中央同意对粤、闽两省对外经贸实行特殊政策和灵活措施，财政体制实行"划分收支，定额上交（或补助）五年不变"的包干办法	中共中央、国务院	1979.07. 15
				《关于大力发展对外贸易增加外汇收入若干问题的决定》	国务院	1979.08.13
				《关于进出口管理委员会、外国投资管理委员会的任务和机构的通知》	中共中央、国务院	1979.08.23
				《开展对外加工装配和中小型补偿贸易办法》，提高出口产品生产技术，改善产品质量品种，扩大出口商品生产，增加外汇收入产品生产技术，改善产品质量品种，扩大出口商品生产，增加外汇收入	国务院	1979.09.03

续表

广州市政府政策数量	广东省政府政策数量	中央政府政策数量	年份	标题/内容	发文号/发文单位	发布（发生）时间
0	0	9	1980	欧洲共同体对中国实行优惠待遇		1980.01
				海关正式恢复关税征收		1980.01
				成立海关总署，颁布《关于改革海关管理体制的决定》	国务院	1980.02
				《关于出口申请书及许可证格式和有关问题的通知》	国家进出口委、对外贸易部	1980.03
				《对外贸易进出口管理试行办法》	国家进出口委、对外贸易部	1980.03
				全国人大常委会批准先后建立深圳、珠海、汕头、厦门经济特区		1980.05
				《关于出口许可证制度的暂行办法》	国家进出口委、对外贸易部	1980.06.03
				中美签订纺织品协议、海运协定		1980.09
				《中华人民共和国外汇管理暂行条例》	国务院	1980.12.18颁布（1981.03.01执行）
0	0	1	1981	对外贸易企业《财务管理办法》和《基本业务统一会计制度》	对外贸易部	1981.12

续表

广州市政府政策数量	广东省政府政策数量	中央政府政策数量	年份	标题/内容	发文号/发文单位	发布（发生）时间
0	0	7	1982	《外贸部关于外贸出口商品实行分类经营的规定的请示》和附件《关于外贸出口商品实行分类经营的规定》	国发〔1982〕5号	1982.01.07
				《外贸财务管理办法》	对外贸易部	1982
				对外经济贸易部成立		1982.03
				《关于若干商品征收出口关税的请示》	国发〔1982〕70号	1982.04.30
				国务院批转国家经委《关于机械产品出口联营公司试点工作报告的通知》	国发〔1982〕92号	1982.6.18
				《中华人民共和国国民经济和社会发展第六个五年计划（1981-1985）》	第五届全国人民代表大会第五次会议	1982.12.10
				批准中国申请参加关贸总协定的报告	国务院	1982.12.31
0	0	4	1983	《财政部关于外商从我国所得的利息有关减免所得税的暂行规定》	财税字〔1983〕第348号	1983.01.07
				中美商务贸易联合委员会成立，推动和加强双边经贸领域的互利合作		1983.05
				国务院对部分出口货物实行出口退税		1983.09
				与欧共体全面建交		1983.11.01

续表

广州市政府政策数量	广东省政府政策数量	中央政府政策数量	年份	标题/内容	发文号/发文单位	发布（发生）时间
0	0	10	1984	中国正式签署第三个国际纺织品协议，成为 GATT 纺织品委员会的正式成员		1984.01.18
				《中华人民共和国进出口商品检验条例》	国务院	1984.01.28
				《关于中外合作经营企业进出口货物的监管和征免税规定》	海关总署、财政部、对外经济贸易部	1984.01.31
				《关于我国公司、企业购进设备或租赁设备由对方提供贷款的利息征免所得税问题的通知》	财税字〔1984〕61号	1984.2.24
				批转《沿海部分城市座谈会纪要》的通知	中共中央、国务院	1984.05.04
				《关于对沿海开放城市下放进出口等管理审批权的通知》	对外经济贸易部	1984.07.18
				《关于外贸体制改革意见的报告》	国发〔1984〕122号	1984.09.15
				《中共中央关于经济体制改革的决定》	中国共产党第十二届中央委员会第三次全体会议	1984.10.20
				《国务院关于经济特区和沿海十四个港口城市减征、免征企业所得税和工商统一税的暂行规定》	国务院	1984.11.15
				《边境小额贸易暂行管理办法》	对外经济贸易部	1984.12.20

续表

广州市政府政策数量	广东省政府政策数量	中央政府政策数量	年份	标题/内容	发文号/发文单位	发布（发生）时间
0	0	10	1985	自1985年起经贸部不再编制下达外贸收购计划和调拨计划，并缩小指令性计划范围，扩大指导性计划调节的作用，注意发挥市场调节的作用	中共中央	1985.01
				我国的出口退税政策正式确立		1985.01
				批转《长江、珠江三角洲和闽南厦漳泉三角地区座谈会纪要》	中共中央、国务院	1985.02.18
				《中华人民共和国涉外经济合同法》	第六届全国人民代表大会常务委员会第十次会议	1985.03.21
				《中华人民共和国进出口关税条例》	国务院	1985.03.07
				《中华人民共和国海关进出口税则》	国务院	1985.03
				《关于狠抓出口保证国家外汇收入的通知》	国发〔1985〕47号	1985.04.01
				《国务院批转财政部关于对进出口产品征、退产品税或增值税报告的通知》	国发〔1985〕43号	1985.03.22
				签订《中欧贸易和经济合作协定》		1985.05
				批转《关于加强对香港、澳门出口管理若干问题的报告》	国务院	1985.12.10

续表

广州市政府政策数量	广东省政府政策数量	中央政府政策数量	年份	标题/内容	发文号/发文单位	发布（发生）时间
0	0	6	1986	《关于延长外商从我国取得的利息及租赁费用减征所得税期限的通知》	财政部（83）财税字第348号	1986.1.6
				《关于鼓励出口商品生产扩大出口创汇的通知》	国发〔1986〕17号	1986.02.06
				23个发展中纺织品出口国就多种纤维协定前途问题的谈判协调了立场		1986.03.04~03.08
				《关于对外国常驻代表机构从事自营商品贸易和代理商品贸易区分问题的通知》	财税外字〔1986〕第53号	1986.03.01
				《关于鼓励外商投资的规定》	国发〔1986〕第95号	1986.10.11
				加入《联合国国际货物销售合同公约》		1986.12
0	0	8	1987	《中华人民共和国海关法》	第六届全国人民代表大会常务委员会第十九次会议	1987.01.22
				国务院关于同意向关税和贸易总协定递交《中国对外贸易制度备忘录》的批复	国函〔1987〕17号	1987.01.20
				关于成立关税税则委员会的通知	国务院办公厅	1987.03.07
				关贸总协定设立中国工作组		1987.03
				农副产品出口生产体系领导小组在北京召开会议		1987.04
				《关于补偿贸易涉及专有技术使用费补偿征税问题的批复》	财政部、国家税务总局，财税外〔1987〕132号	1987.05.25
				《国务院关于批转对外经济贸易部一九八八年以八外贸体制改革方案的通知》	国发〔1987〕90号	1987.09.26
				制定沿海地区经济发展战略	中共中央	1987.12

续表

广州市政府政策数量	广东省政府政策数量	中央政府政策数量	年份	标题/内容	发文号/发文单位	发布（发生）时间
0	0	8	1988	《国务院关于加快和深化对外贸易体制改革若干问题的规定》	国发〔1988〕12号	1988.02.26
				《关于进一步扩大沿海经济开放区范围的通知》	国发〔1988〕21号	1988.03.18
				《关于建立海南经济特区的决议》	第七届全国人民代表大会第一次会议	1988.04.13
				中国向关贸总协定各缔约国发出关税减让谈判邀请		1988.06
				下放部分外贸企业审批权		1988.07
				先后成立食品土畜、纺织服装、轻工工艺、五矿化工、机电、医药保健品6个进出口商会及若干商品分会		1988.09
				《国务院关于广东省深化改革扩大开放加快经济发展示的批复》	国函〔1988〕25号	1988.02.10
				《关于对经贸仓库免缴土地使用税问题的复函》	国家税务局，国税地字〔1988〕32号	1988.12.27
0	0	3	1989	《关于批转沿海地区对外开放工作会议纪要的通知》	国发〔1989〕5号	1989.01.13
				《中华人民共和国进出口商品检验法》	第七届全国人民代表大会常务委员会第六次会议	1989.02.21
				《中共中央关于进一步治理整顿和深化改革的决定》	中共中央	1989.11.09
0	0	1	1990	《关于对专有技术使用费减征、免征所得税有关审批手续问题的通知》	国家税务局，国税发〔1990〕21号	1990.02.13

续表

广州市政府政策数量	广东省政府政策数量	中央政府政策数量	年份	标题/内容	发文号/发文单位	发布（发生）时间
0	0	6	1991	《关于进一步改革和完善对外贸易体制若干问题的决定》	国发〔1990〕70号	1991.01.01
				提出和实施提高出口商品的质量和信誉、优化出口商品结构和创名牌出口商品的"以质取胜"战略	国务院	1991
				《关于批准国家高新技术产业开发区和有关政策规定的通知》	国发〔1991〕12号	1991.03.06
				采用《商品名称及编码协调制度》	国务院关税税则委员会	1991.06
				批转《国务院机电产品出口办公室关于"八五"期间进一步扩大机电产品出口意见的通知》	国发〔1991〕10号	1991.02.21
				国务院办公厅《经贸部等部门关于积极发展边境贸易和经济合作促进边疆繁荣稳定意见的通知》	国办发〔1991〕25号	1991.04.19
0	0	11	1992	《海关进出口税则》	国务院	1992.01
				关贸总协定中国工作组会议第10次会议	国务院	1992.02
				《中华人民共和国出口货物原产地规则》	国务院令第94号	1992.03.08
				《经贸部、国务院生产办关于赋予生产企业进出口经营权有关意见的通知》	国发〔1992〕30号	1992.05.11
				《中美市场准入谅解备忘录》	中美签署	1992.10.10
				调低3371个税目商品的进口关税税率		1992.12.31

续表

广州市政府政策数量	广东省政府政策数量	中央政府政策数量	年份	标题/内容	发文号/发文单位	发布（发生）时间
0	0	11	1992	《关于明确部分出口企业出口高税率产品和贵重产品准予退税的通知》	国税发〔1992〕79号	1992.03.31
				《关于明确部分出口企业出口高税率、贵重产品准予退税的补充通知》	国税发〔1992〕279号	1992.12.30
				《关于外商投资企业生产的产品再再加工装配出口征免工商统一税问题的通知》	国税发〔1992〕146号	1992.07.13
				《中华人民共和国海关审定进出口货物完税价格办法》	中国海关总署、署税〔1992〕1231号	1992.8.10
				国务院批转经贸部关于《出口商品管理暂行办法》的通知	国发〔1992〕69号	1992.12.21
0	0	7	1993	《出口商品管理细则》	中共中央	1993.01
				中美贸易协定双边磋商在北京恢复		1993.03
				《对外经济贸易企业转换经营机制实施办法》	对外贸易与经济合作部、〔1993〕外经贸政发第343号	1993.08

续表

广州市政府政策数量	广东省政府政策数量	中央政府政策数量	年份	标题/内容	发文号/发文单位	发布（发生）时间
0	0	7	1993	《机电产品进出口管理暂行办法》	国函〔1993〕135号	1993.10
				国务院批转国家经贸委、外经贸部、内贸部《关于赋予商业、物价企业进出口经营权试点意见的通知》	国发〔1993〕76号	1993.11.04
				《关于实行分税制财政管理体制的决定》	国发〔1993〕85号	1993.12.15
				《国务院关于进一步改革外汇管理体制的通知》	国发〔1993〕89号	1993.12.25
0	0	6	1994	提出和实施大经贸战略	对外经济贸易部	1994.01
				对税收减免政策进行清理，在此基础上进一步降低关税税率，调整税率结构；降低了2898个税目商品的进口关税税率		1994
				《关于进一步深化对外贸易体制改革的决定》	国发〔1994〕4号	1994.01
				国家税务总局关于印发《出口货物退（免）税管理办法》的通知	国税发〔1994〕31号	1994.02
				实现人民币在经常项目下有条件的可兑换		1994
				《中华人民共和国对外贸易法》	第八届全国人民代表大会常务委员会	1994.05.12

续表

广州市政府政策数量	广东省政府政策数量	中央政府政策数量	年份	标题／内容	发文号／发文单位	发布（发生）时间
0	0	2	1995	中美就知识产权谈判达成协议	中共中央	1995.03
				《关于调低出口退税率加强出口退税管理的通知》	国发〔1995〕3号	1995.05.25
				正式接受国际货币基金组织义务，实现人民币经常项目可兑换		1996.01.01
2	3	3	1996	《关于经济特区企业进出口经营权问题的批复》	国函〔1996〕13号	1996.03.05
				转发省贸易委员会关于加强城市商业网点建设管理问题请示的通知	粤府办〔1996〕44号	1996年6月24日
				广东省人民政府成立推行加工贸易进出口料件银行保证金台账工作领导小组	广东省政府	1996年第23期政府公报
				广东省对外贸易实施电子数据交换（EDI）暂行规定	广东省政府	1996.10.11
				对外经济贸易合作部关于修改、印发《关于确认和考核外商投资的产品出口企业和先进技术企业的实施办法》	外经贸资发〔1996〕第822号	1996.12.3
				印发《广州市国民经济和社会发展第九个五年计划及2010年远景目标纲要》的通知	穗府〔1996〕64号	1996.6.2
				关于发挥保税区优势促进广州外向型经济发展的决定	穗府〔1996〕75号	1996.6.7

续表

广州市政府政策数量	广东省政府政策数量	中央政府政策数量	年份	标题／内容	发文号／发文单位	发布（发生）时间
0	0	3	1997	《国务院关于赋予供销合作社企业进出口经营权有关问题的批复》	国函〔1997〕31号	1997.5.8
				《关于"九五"期间进一步扩大机电产品出口意见的通知》	国发〔1997〕6号	1997.2.25
				《国家税务总局关于加快纺织货物出口退税的紧急通知》	国税明电〔1997〕24号	1997.6.24
1	1	4	1998	《国家税务总局关于提高纺织品出口退税率的通知》	国税明电〔1998〕4号	1998.02.09
				《国家税务总局关于出口货物退（免）税实行按企业分类管理的通知》	国税发〔1998〕95号	1998.6.8
				《国家税务总局关于恢复食糖出口退税的通知》	国税发〔1998〕118号	1998.7.23
				《关于调高部分机电等产品出口退税率的通知》	财税明电〔1998〕2号	1998.8.7
				《广东省确认和考核外商投资的产品出口企业和先进技术企业的暂行实施细则》	粤外经贸资管字〔1998〕048号	1998.08.06
				转发省贸易委关于进一步加快我省连锁商业发展的请示的通知	粤府办〔1998〕65号	1998.12.05

续表

广州市政府政策数量	广东省政府政策数量	中央政府政策数量	年份	标题 / 内容	发文号 / 发文单位	发布（发生）时间
1	4	3	1999	《关于出口纺织机构有关退税问题的通知》	国税函〔1999〕13 号	1999.1.7
				国务院办公厅转发外经贸部《关于进一步扶持鼓励机电产品出口意见的通知》	国办发〔1999〕27 号	1999.03.26
				转发海关总署广东分署关于珠江三角洲地区加工贸易企业迁厂粤北及山区的有关管理意见的通知	粤府办〔1999〕32 号	1999 年第 13 期政府公报
				《关于进一步完善加工贸易银行保证金台帐制度意见的通知》	国办发〔1999〕35 号	1999.4.5
				《关于大力开拓农村市场搞活商品流通意见的通知》	粤府办〔1999〕55 号	1999.6.4
				《关于鼓励扩大外贸出口和利用外资的通知》	粤府〔1999〕29 号	1999.3.31
				《关于打击小额走私成品油活动的通告》	粤府〔1999〕61 号	1999.7.30
				《关于 1999 年鼓励企业扩大出口和对出口实行奖励的通知》	穗府〔1999〕58 号	1999.3.22

续表

广州市政府政策数量	广东省政府政策数量	中央政府政策数量	年份	标题／内容	发文号／发文单位	发布（发生）时间
0	3	5	2000	广东省科技兴贸实施方案	粤府办〔2000〕65 号	2000.3.28
				关于修改《中华人民共和国外资企业法》的决定	全国人民代表大会常务委员会	2000.10.31
				关于修改《中华人民共和国中外合作经营企业法》的决定	全国人民代表大会常务委员会	2000.10.31
				《关于进一步加强外贸经营管理认真做好进出口企业资格证书年审的通知》	外经贸发展审函字〔2000〕3090 号	2000.12.11
				《关于印发鼓励软件产业和集成电路产业发展若干政策的通知》	国发〔2000〕18 号	2000.6.24
				关于印发《积极发展境外加工贸易业务的若干意见》《境外加工贸易企业资金管理暂行办法》的通知	粤府〔2000〕45 号	2000.7.12
				《关于坚决打击利用直通港澳车辆进行走私活动的通知》	粤府〔2000〕26 号	2000.03.14
				《关于印发中小企业国际市场开拓资金管理（试行）办法》的通知	财企〔2000〕467 号	2000.09.30

续表

广州市政府政策数量	广东省政府政策数量	中央政府政策数量	年份	标题/内容	发文号/发文单位	发布（发生）时间
3	0	6	2001	"十五"外经贸发展新思路	中国对外贸易经济合作部	2001.3.15
				海关总署、对外贸易经济合作部《关于重申有关企业分类管理评定程序规定的通知》	署监发〔2001〕325号	2001.8.13
				《关于提高部分棉纺织品出口退税率的通知》	国税发〔2001〕74号	2001.6.21
				外经贸部等六部委发布《关于软件出口有关问题的通知》	外经贸技发〔2001〕680号	2001.1.4
				外经贸部、科技部等四部委关于印发《科技兴贸"十五"计划纲要》的通知	外经贸技发〔2001〕404号	2001.8.3
				《关于恢复小麦出口的通知》	〔2001〕外经贸管发第3号	2001.1.3
				《广州南沙保税港区管理办法的通知》	广州市人民政府办公厅	2001.2.17
				《广州市加快软件产业发展的若干规定》	穗府〔2001〕19号	2001.3.20
				批转市知识产权局等部门《关于加强广州经济技术开发区、广州高新技术产业开发区、广州出口加工区知识产权工作意见的通知》	穗知字〔2001〕8号	2001.10.18

续表

广州市政府政策数量	广东省政府政策数量	中央政府政策数量	年份	标题／内容	发文号／发文单位	发布（发生）时间
0	2	4	2002	《关于出口棉花实行零税率的通知》	财税字〔2002〕28号	2002.2.25
				《关于粮食出口有关退税问题的通知》	国税函〔2002〕801号	2002.9.9
				《关于出口加工区耗用水、电、气准予退税的通知》	国税发〔2002〕116号	2002.9.10
				《关于出口电解铜有关退税问题的补充通知》	国税函〔2002〕875号	2002.9.18
				《关于做好我国加入世界贸易组织有关贸易政策通报咨询和审议工作的通知》	粤府办〔2002〕91号	2002.12.2
5	1	4	2003	广东省政府《关于进一步优化广东投资软环境的若干意见》	粤府〔2002〕11号	2002.2.20
				《关于利用出口信用保险积极促进企业外贸出口的通知》	财金〔2003〕95号	2003.8.18
				《关于改革现行出口退税机制的决定》	国发〔2003〕24号	2003.10.13
				《关于调整出口货物退税率的通知》	财税〔2003〕222号	2003.10.13

续表

广州市政府政策数量	广东省政府政策数量	中央政府政策数量	年份	标题 / 内容	发文号 / 发文单位	发布（发生）时间
5	1	4	2003	关于进一步实施科技兴贸战略的若干意见	国办发〔2003〕92号	2003.11.12
				关于印发《广东省交易团属分配摊位暂行管理办法》的通知	粤外经贸厅字〔2003〕15号	2003.3.14
				《关于在开发区试行行政管理"无费区"的若干意见》	穗府〔2003〕31号	2003.5.27
				《关于加快我市国家汽车及零部件出口基地建设的意见》	广州市人民政府办公厅	2008.3.26
				广州市外经贸"十五"计划	广州市人民政府	2003.7.28
				《关于我市上半年经济运行情况及下半年工作意见的通知》	穗府〔2003〕45号	2003.8.4
				《关于印发进一步放宽市场准入条件加快经济发展若干规定及其实施细则的通知》	穗工商〔2003〕454号	2003.9.3

续表

广州市政府政策数量	广东省政府政策数量	中央政府政策数量	年份	标题/内容	发文号/发文单位	发布（发生）时间
1	1	6	2004	关于印发《关于扩大农产品出口的指导性意见》的通知	商贸发〔2004〕491号	2004.10.18
				商务部、国家税务总局《关于进一步加强税贸协作做好出口退税工作的通知》	商规发〔2004〕363号	2004.7.21
				《关于出口船舶、大型成套机电设备有关退（免）税问题的通知》	国税发〔2004〕79号	2004.6.23
				《关于扩大保税区与港区联动试点工作的请示》	署加发〔2004〕257号	2004.8.16
				商务部关于开展认定"国家医药出口基地（第一批）"工作的通知	商技函〔2004〕47号	2004.9.23
				商务部、中国出口信用保险公司《关于利用出口信用保险实施科技兴贸战略的通知》	商技发〔2004〕368号	2004.7.26
				《关于进一步优化投资环境做好招商引资工作的若干意见》	粤府〔2004〕126号文	2004.12.9
				转发市外经贸等部门《关于贯彻实施科技兴贸战略的意见》的通知	穗府办〔2004〕29号	2004.5.11

续表

广州市政府政策数量	广东省政府政策数量	中央政府政策数量	年份	标题/内容	发文号/发文单位	发布（发生）时间
2	4	3	2005	关于扶持出口名牌发展的指导意见	商贸发〔2005〕124号	2005.6.7
				关于对纺织品出口关税调整的公告	海关总署〔2005〕22号	2005.5.31
				国务院关于完善中央与地方出口退税负担机制的通知	国发〔2005〕25号	2005.8.1
				转发省外经贸厅关于我国加入世界贸易组织过渡期我省应对工作情况和今后应对工作意见报告的通知	粤府办〔2005〕60号	2005.7.19
				广东省对外贸易经济合作厅加工贸易统计制度	广东省对外贸易经济合作厅	2005.8.30
				转发国务院关于完善中央与地方出口退税负担机制的通知	粤府〔2005〕77号	2005.9.1
				广东省外商投资企业与来料加工企业直通港澳自货自运厂车行政许可规定	广东省第十届人民代表大会常务委员会公告第47号	2005.7.26
				关于简化外商投资企业变更审批手续的通知	穗外经贸函〔2005〕36号	2005.3.11
				关于进一步促进外商投资企业增资扩股工作的意见	穗外经贸加〔2005〕38号	2005.7.28

续表

广州市政府政策数量	广东省政府政策数量	中央政府政策数量	年份	标题 / 内容	发文号 / 发文单位	发布（发生）时间
				取消多项皮革原材料的出口退税政策，下调了部分产品的出口退税率		2006.01.01
				《关于调整部分商品出口退税率和增补加工贸易禁止类商品目录的通知》	财税〔2006〕139号	2006.09.14
				举办了"中国服务外包基地城市"授牌仪式及服务外包基地城市共建协议签字仪式	商务部	2006.10.24
1	2	5	2006	第100届中国出口商品交易会（广交会）在广州举行		2006.10
				中国与巴基斯坦签署《中国–巴基斯坦自由贸易协定》		2006.11.24
				转发国务院办公厅关于进一步做好履行我国加入世界贸易组织议定书透明度条款相关工作的通知	粤府办〔2006〕37号	2006.5.16
				关于印发广州市国家医药出口基地建设发展规划的通知	穗府办〔2006〕29号	2005.8.27
				关于"十一五"期间加快转变机电产品出口增长方式的实施意见	国办发〔2006〕42号	2006.05.27
				中国–东盟自由贸易区服务贸易协议	中央政府	2007.01.14
1	0	7	2007	国务院《关于加快发展服务业的若干意见》	国发〔2007〕7号	2007.03.19
				《中华人民共和国企业所得税法》	第十届全国人民代表大会第五次会议	2007.03.16

续表

广州市政府政策数量	广东省政府政策数量	中央政府政策数量	年份	标题／内容	发文号／发文单位	发布（发生）时间
1	0	7	2007	《关于调整钢材出口退税率的通知》	财税〔2007〕64号	2007.04.12
				《财政部国家税务总局关于调低部分商品出口退税率的通知》	财税〔2007〕90号	2007.07. 01
				《中华人民共和国反垄断法》	十届全国人大常委会第二十九次会议	2007.08.30
				提出要"拓展对外开放广度和深度，提高开放型经济水平"	中共第十七次全国代表大会	2007.10.15
				转发市外经贸局等部门《关于"十一五"期间加快转变机电产品出口增长方式实施意见的通知	穗府办〔2007〕3号	2007.2.2
2	0	0	2008	转发市外经贸局《关于加快我市国家汽车及零部件出口基地建设的意见》的通知	穗府办〔2008〕15号	2008.3.26
				关于进一步扩大内需促进我市经济平稳较快增长若干措施的通知	穗府〔2008〕47号	2008.11.28
0	0	0	2009		—	—

续表

广州市政府政策数量	广东省政府政策数量	中央政府政策数量	年份	标题／内容	发文号／发文单位	发布（发生）时间
3	0	1	2010	中华人民共和国海关事务担保条例	国务院令第 581 号	2010.09.14
				广州市对外贸易经济合作局主要职责内设机构和人员编制规定的通知	穗府字〔2010〕20 号	2010.3.4
				广州经济技术开发区广州高新技术产业开发区广州出口加工区广州保税区管理委员会主要职责内设机构和人员编制规定	穗府办〔2010〕88 号	2010.11.09
				广州经济技术开发区广州高新技术产业开发区广州出口加工区广州保税区中新广州知识城萝岗区循环经济发展专项资金管理办法	穗开管办〔2010〕36 号	2010.10.15
0	1	1	2011	关于扩大对外开放积极利用外资若干措施的通知	国家税务总局公告2011 年第 39 号	2011
				推进外经贸企业自主创新和自主国际知名品牌建设的指导意见	粤外经贸厅字〔2011〕12 号	2011.09.6
2	0	3	2012	《关于促进外贸稳定增长的若干意见》	国办发〔2012〕49 号	2012.09.16
				关于取消和免收进出口环节有关行政事业性收费的通知	财综〔2012〕71 号	2012.9.18
				关于发布《启运港退（免）税管理办法》的公告	国家税务总局公告2012 年第 52 号	2012.08.28

续表

广州市政府政策数量	广东省政府政策数量	中央政府政策数量	年份	标题/内容	发文号/发文单位	发布（发生）时间
2	0	3	2012	广州市人民政府办公厅《关于印发稳定外贸增长加快转型升级若干措施的通知》	穗府办〔2012〕50号	2012.11.14
				广州市人民政府关于支持广交会做大做强的意见	穗府〔2012〕39号	2012.12.10
1	0	0	2013	广州市人民政府办公厅关于加快我市国家汽车及零部件出口基地建设的意见	穗府办〔2013〕34号	2013.7.16
2	0	2	2014	国务院办公厅《关于支持外贸稳定增长的若干意见》	国办发〔2014〕19号	2014.05.04
				财政部 海关总署 国家税务总局关于扩大启运港退税政策试点范围的通知	财税〔2014〕53号	2014.07.30
				广州市人民政府办公厅关于支持外贸稳定增长调结构的实施意见	穗府办〔2014〕40号	2014.08.11
				广州市人民政府办公厅关于印发加快电子商务发展实施方案的通知	穗府办〔2014〕54号	2014.09.21
5	1	5	2015	国务院《关于加快发展服务贸易的若干意见》	国发〔2015〕8号	2015.02.14
				国务院《关于加快培育外贸竞争新优势的若干意见》	国发〔2015〕9号	2015.05.12
				国务院《关于改进口岸工作支持外贸发展的若干意见》	国发〔2015〕16号	2015.04.17

续表

广州市政府政策数量	广东省政府政策数量	中央政府政策数量	年份	标题/内容	发文号/发文单位	发布（发生）时间
5	1	5	2015	《关于促进进出口稳定增长的若干意见》	国办发〔2015〕55号	2015.07.24
				国务院关于印发中国（广东）自由贸易试验区总体方案的通知	国发〔2015〕18号	2015.04.08
				《广东省促进外贸稳定增长和转型升级若干措施》	粤府办〔2015〕35号	2015.5.29
				广州市人民政府办公厅关于印发广州市海关特殊监管区域整合优化工作方案的通知	穗府办函〔2015〕19号	2015.2.8
				广州市商务委员会主要职责内设机构和人员编制规定	穗府办〔2015〕25号	2015.5.20
				广州市人民政府办公厅关于印发广州市开展免除查验没有问题外贸企业吊装移位仓储费用试点工作实施方案的通知	穗府办函〔2015〕99号	2015.09.25
				广州市人民政府关于印发建设广州国际航运中心三年行动计划（2015—2017年）的通知	穗府〔2015〕23号	2015.9.8
				广州市人民政府关于加快服务贸易发展的实施意见	穗府〔2015〕29号	2015.12.21
3	4	4	2016	关于促进外贸回稳向好的若干意见	国发〔2016〕27号	2016.5.9
				《关于同意在天津等12个城市设立跨境电子商务综合试验区的批复》	国函〔2016〕17号	2016.01.15
				《关于做好自由贸易试验区新一批改革试点经验复制推广工作的通知》	国发〔2016〕63号	2016.11.10
				《关于促进加工贸易创新发展的若干意见》	国发〔2016〕4号	2016.01.18

续表

广州市政府政策数量	广东省政府政策数量	中央政府政策数量	年份	标题/内容	发文号/发文单位	发布（发生）时间
3	4	4	2016	《广东省司法厅 中国（广东）自由贸易试验区工作办公室关于积极发展法律服务业 推进中国（广东）自贸试验区建设的若干意见》	粤司〔2016〕30号	2016.01.27
				广东省人民政府办公厅关于印发推进线上线下互动加快商贸流通创新发展转型升级实施方案的通知	粤府〔2016〕42号	2016.05.30
				广东省人民政府关于印发促进外贸回稳向好实施方案的通知	粤府〔2016〕52号	2016.06.03
				广东省人民政府关于印发广东省促进加工贸易创新发展实施方案的通知	粤府〔2016〕98号	2016.9.2
				广州市人民政府办公厅关于促进进出口稳定增长的若干意见	穗府办〔2016〕8号	2016.5.25
				广州市人民政府关于印发广州市服务贸易创新发展试点实施方案的通知	穗府函〔2016〕116号	2016.10.10
				广州市人民政府办公厅关于印发广州市商务发展第十三个五年规划（2016—2020年）的通知	穗府办〔2016〕24号	2016.11.18

资料来源：中华人民共和国商务部（http：//www.mofcom.gov.cn/）、广东省商务厅（http：//www.gdcom.gov.cn/）和广州市商务委员会（http：//www.gzboftec.gov.cn/）搜集到1978—2016年期间的外贸政策文件。傅自应：《中国对外贸易30年》，北京：中国财政经济出版社，2008。

第四章 改革开放 40 年广州进口总量与结构

改革开放 40 年以来，广州经济实现了持续的快速增长。1978~2016 年，广州地区生产总值（实际 GDP）持续增长，与此同时，广州进口总量增长也保持了强劲的势头。一般认为，进出口贸易有利于促进地区的技术进步。从进口来看，机械设备、办公用品等资本商品的进口引发间接国际技术渗入，直接技术进口更可以促进广州的技术进步；另外，进口增加导致广州市场竞争加剧，也可以促进广州企业加快技术革新。在全国改革开放的进程中，随着中国加入 WTO，中国非关税壁垒的种类和范围逐渐缩小以至取消，进口关税率逐渐降低，最终与国际接轨，使得广州在进口体制方面发生显著的变化，因此，进口贸易在广州经济发展中的作用和地位极其重要。

第一节 广州进口的快速发展

一 文献综述

谢智勇等（1999）运用经济计量的方法研究了 1997 年亚洲金融危机以来人民币汇率变动与进出口贸易增长之间的关系，其主要结论为：汇率变动对进出口贸易的发展存在影响，但是人民币汇率的变动与进口贸易之间存在非常微弱的相关性，因此，中国进口贸易增长对人民币汇率的变动并不是十分敏感。虽然人民币汇率水平对进口贸易发展存在一定的影响，但并不是决定性因素。汇率政策对贸易发展有一定的效果，但是效果并不是十分明显。季莹和王怡（2010）利用回归分析得出人民币升值不是引起中国出口变化的原因以及人民币升值对中国进口影响不明显的结论。许和连、赖明勇（2002）运用偏最小二乘（PLS）回归方法分析了中国改革开放以来进口贸易的影响因素及其影响的程度。研究结果表明：关税税率与中国进口贸易额之间表现出较强的负相关关系，而经济增长率及商品零售价格指数变量虽然对进口贸易有促进作用，但效果并不明显。李蓬勃（2009）通过构建计量经济模型，就国内生产总值、汇率、消费者价格指数对进口的影响进行实证研究。研究结果表明进口的增长与 GDP、CPI、汇率密切相关，随着国内生产总值和消费物价指数的提高，进口也相应地增加，并且进口的增长速度要大于 GDP 和 CPI 的增长速度。

学界长期以来高度重视出口的作用，关于出口商品结构的相关研究较多，而关于进口商品结构的相关研究较少。Hellvin（1996）考察了中国与 OECD 国家之间的贸易，认为中国向 OECD 国家出口低质量产品，从 OECD 国家进口高质量产品。张源媛（2011）研究中国进口商品结构时按照《国际贸易标准分类》（SITC），对 1980~2009 年中国进口商品分为初级产品和工业制成品，得出工业制成品进口一直高于初级产品进口，工业制成品进口对经济增长有着显著的促进作用。祝树金和奉晓丽（2011）认为，中国进口产品的技术水平不断上升，明显高于日本、印度和东盟等国家或地区，进口结构已由以低技术制成品为主变成以高技术、中技术制成品为主；相对而言，中国高技术产品进口份额远远高于同类型其他国家，而资源性产品和初级产品进口份额则显著低于样本中的其他国家。Wong（2013）研究中国 2000~2010 年的进出口贸易结构，发现中国的进口商品已经从以资源类和低技术商品为主转变为以中等技术和高技术商品为主。裴长洪（2013）将进口结构划分为 266 个子类，其中货物贸易共 255 个子类，服务贸易共 11 个子类。在 266 个子类划分及运用的基础上，将进口商品分为初级品、中间品、资本品和消费品，研究发现：经济增长与进口贸易结构变化存在着明确的正向关联性，优化进口贸易结构是改善经济供给面的重要内容。魏浩（2014）认为，低技术工业制成品在中国进口中所占份额大幅下降，中等技术工业制成品所占份额上升幅度最大且成为中国第一大类进口商品。

二　进口贸易总额及年增长率

1984年，广州被国务院列为全国沿海港口开放城市、计划单列市和经济体制综合改革试点城市之一。广州市外向型经济迅猛发展，经济国际化水平不断提高，增强了广州与世界的直接联系，进口总量有了进一步的提升，从数据（见表4-1）可以看出广州进口的发展。

表4-1　1978~1996年广州市进口总额及增长率

年份	进口总额（万美元）	增长率（％）
1978	232	—
1979	148	-36.21
1980	189	27.70
1981	1075	468.78
1982	2042	89.95
1983	2983	46.08
1984	3959	32.72
1985	11599	192.98
1986	22151	90.97
1987	53815	142.95
1988	69636	29.40
1989	60312	-13.39
1990	67158	11.35
1991	117882	75.53
1992	174677	48.18
1993	248496	42.26
1994	281372	13.23

续表

年份	进口总额（万美元）	增长率（%）
1995	343724	22.16
1996	397001	15.5

资料来源：根据历年《广州市统计年鉴》中"外贸进出口商品总值"数据整理。

根据表 4-1 数据，我们做出了 1978~1996 年的进口总额及增长率的走势图，见图 4-1 和图 4-2。

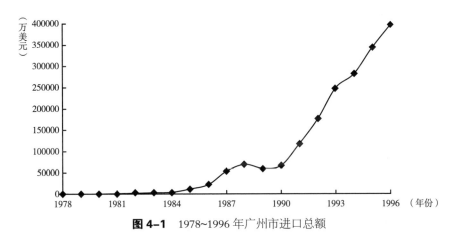

图 4-1　1978~1996 年广州市进口总额

资料来源：同表 4-1。

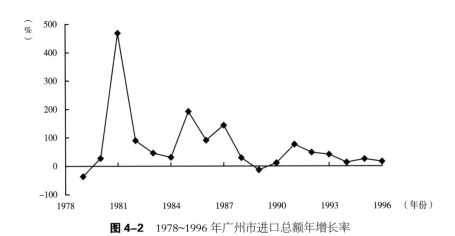

图 4-2　1978~1996 年广州市进口总额年增长率

资料来源：同表 4-1。

从图 4-1 观察，1978～1996 年广州进口总额基本上处于增长态势。图 4-2 表明，进口增长率在 1981 年达到最大值 469% 之后，有震荡向下的趋势，1989 年创最低值 −13.4%。

随着宏观经济态势的转变，广州在 1997～2016 年的进口又呈现不一样的特点，见表 4-2。

表 4-2 1997～2016 年广州市进口总额及增长率

年份	进口总额1（亿美元）（新统计口径）	进口总额2（万美元）（推断的原统计口径）	增长率（%）
1997	81.51	428364	7.92
1998	75.39	396194	−7.51
1999	93.18	489696	23.60
2000	115.6	607223	24.00
2001	114.1	599511	−1.27
2002	141.5	743214	23.97
2003	181	959786	29.14
2004	233.1	1239564	29.15
2005	268.07	1425250	14.98
2006	313.9	1667543	17.00
2007	355.9	1890994	13.40
2008	389.47	2069315	9.43
2009	392.8	2087111	0.86
2010	553.9	2942826	41.00
2011	597	3171484	7.77
2012	582.5	2889222	−8.90
2013	560.9	2796767	−3.20
2014	578.8	2885984	3.19
2015	527.0	2626245	−9.00
2016	511	2547458	−3.00

注：1997 年之后，广州市的进口总额统计口径发生了较大变动，为方便研究，我们推断恢复了原统计口径下的数据。

资料来源：根据历年《广州市统计年鉴》中"外贸进出口商品总值"数据整理。

根据表 4-2 数据得到 1997~2016 年的进口总额及增长率的走势图，见图 4-3 和图 4-4。

图4-3　1997~2016 年广州市进口总额

资料来源：同表 4-2。

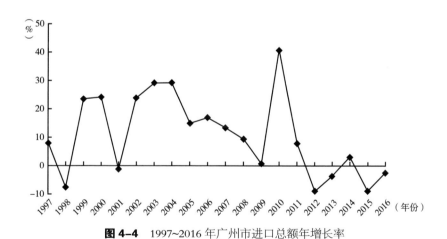

图4-4　1997~2016 年广州市进口总额年增长率

资料来源：同表 4-2。

从 1997~2016 年的数据走势来看，1998 年广州市进口总额出现 7.51% 的负增长，主要原因是 1997 年亚洲金融危机爆发，导致全国各地对于矿物燃料等和粗材料进口大量减少，随后又开始保持增长。到 2001 年后，随着中国加入 WTO，广州进口总额持续大幅度增长，到了 2008 年增长至 2069315 万美元。由于 2008 年国际金融危机的爆发，2009 年进口总额与 2008 年基本持平。2010~2011 年，广州进口总额继续增加。2010 年，进口增长率达到最大值 41%。2011 年，广州进口总额达到最大值 3171484 万美元，2012 年后，广州进口整体水平呈下降趋势。

从中国各级政府政策来看，1999 年国务院执行《关于调整进口设备税收政策的通知》，自 1999 年 1 月起，对《外商投资产业指导目录》的鼓励类和限制乙类且能够转让技术的外商投资项目，以及《当前国家鼓励发展的产业、产品和技术目录》的国内投资项目，在符合国家相关规定的基础上免征关税和进口环节增值税，刺激了广州进口，使进口额开始持续上升。

2001 年，中国加入 WTO，每年严格按照关税减让表降低进口关税。加入 WTO，不仅有利于广州改善对外贸易的国际环境，而且有利于广州引进外资和先进的技术设备，带动产业结构调整，广州的改革从以经济体制改革为中心转向政治、经济、文化和社会"四位一体"的综合改革。2003 年，中共十六届三中全会宣布，中国社会主义市场经济体制基本确立，此后便进入中国经济发展方式的转型期。2003 年后，广州进口总额继续增加。2007 年中共十七大报告中指出，"转变经济发展方式"是"关系国民经济全局的紧迫而重大的战略任务"，至此改革迈上了一个新台阶，经济转型进入一个新时期，此时广州进口增长率稍稍下降。2008 年全球金融危机爆发，导致 2009 年中国进口总额增长率显著下降。2011 年，在全球自主增长动力不足、主权债务危机深化、全球通货膨胀压力加大、日本大地震、西亚北非局势动荡等多重因素影响下，世界经济复苏势头有所减弱，国际市场需求低迷，使得一些国家出现日益严重的通货膨胀和资产价格上涨压力的问题，抑制了之后广州市对外进口总额的增长。

总体来说，广州进口贸易在改革开放以来取得飞速的发展，在供给约束型经济态势下，广州进口总额从 1978 年的 232 万美元到 1996 年的 397001 万美元，增长了 1710 多倍；在需求约束型经济时代，广州进口总额从 1997 年的 428364 万美元增加到 2016 年的 2547458 万美元，增长了近 5 倍，广州进口贸易的持续增长，使得广州在中国进口贸易中的地位不断提升。

三 进口依存度分析

进口依存度指的是一国或地区进口贸易总额在该国或该地区国内生产总值中所占的比重。其计算公式为：进口依存度 =（进口总额 /GDP）×100%。这里讨论的进口依存度主要反映广州地区经济对进口贸易的依赖程度。改革开放以来，广州进口贸易迅速发展，其增长速度远高于 GDP(见表 3–4、表 3–5) 的增长速度。由于 1978~1996 年与 1997~2016 年进口数据的统计口径不同，为了表现完整的趋势，1997~2016 的进口总额采用推断的原统计口径数据（表 4–2 "进口总额 2"），见图 4–5。

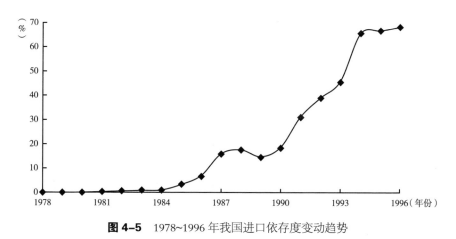

图 4–5 1978~1996 年我国进口依存度变动趋势

资料来源：根据表 4–3 数据计算。

从图 4–5 可以看出，1978~1996 年广州的进口依存度呈增长趋势，1978年进口依存度不足 0.1%，随着进口的快速增长，进口依存度稳步提高，除了1989 年进口依存度略有降低外，其余年份一直处于增长态势。进口依存度提

高，表明广州在供给约束型经济态势下对进口资本品的需求不断上升，以增
强自身的总供给能力。

从图4-6中可以看出，1997~2016年，广州进口依存度总体趋势是下降的，
尤其是在2006年后，进口贸易的增长速度要低于国内生产总值的增长速度。
这表明，广州在需求约束型经济态势下总供给能力有了长足的增长，资本品
进口的迫切性大大下降。

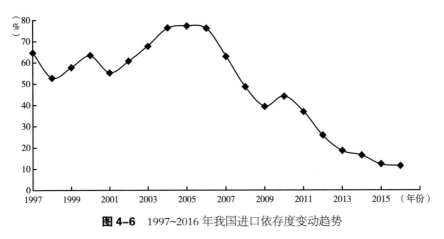

图4-6 1997~2016年我国进口依存度变动趋势

资料来源：根据表4-4数据计算。

四　中国经济发展大环境下的广州进口

1. 中国政府进口政策的五个阶段

改革开放40多年来，广州对外贸易取得了举世瞩目的成绩，这与中央政
府实施的进口政策密不可分。

在第一阶段（1978~1987年），中国主要实行以外汇、财政为主的对外贸
易促进政策。在这一阶段，1978年中共十一届三中全会开启了中国经济体制
改革，实行对外开放方针，中国进入由计划经济体制向社会主义市场经济体

制过渡时期。随着经济体制改革和对外开放的发展，国家进口管理政策开始形成并不断发展。1980年、1982年，中国分别四次调整进口关税。针对国内不能生产或不能满足供应的原材料、能源等适当降低税率；对国内已能生产的制成品，适当提高税率。

在第二阶段（1987~1993年），中国主要实行的是围绕承包经营责任制的外贸政策，通过前一阶段外贸的发展，中国产业已经有了一定的基础，部分产业已经有了一定的国际竞争力。在这种情况下，中国又对进口关税进行了调整，经过这次调整，中国关税税率从43.2%下降到39.9%，总体降幅为3.3个百分点。1992年党的十四大报告明确提出要完善建立社会主义市场经济体制，在对外贸易体制改革方面，主要依据十四大提出的"坚持统一政策、放开经营、平等竞争、自负盈亏、工贸结合、推行代理制"要求，逐步建立既符合社会主义市场经济运行要求又与国际经济通行规则相适应的新型外贸管理体制。由于经济体制改革释放出的活力，这段时间对外贸易迅速增长。

在第三阶段（1994~1997年），中国实行的是市场经济体制初步确立的外贸政策。在这一阶段，中国对进口贸易政策的制定，主要体现为不断下调进口关税水平，并对进口税收优惠政策进行了调整。1997年亚洲金融危机给中国的经济增长造成了严重的负面影响，从而在一定程度上打击了中国的对外贸易，进口增长步伐放缓。在这几年里，为保持国民经济平稳快速的发展，中国提出多措并举调整进口方针，坚持应急措施与长远战略相结合、中央制定政策与调动地方积极性相结合，相继出台了一系列涵盖财税、外汇、金融等各个方面的外贸政策。这些政策在克服亚洲金融危机带来的不利影响方面发挥了积极作用，也为中国完善促进进口的贸易政策积累了经验。

在第四阶段（1998~2003年），中国推行以应对亚洲金融危机为主的对外贸易政策。在此阶段，根据加入世界贸易组织谈判进程，中国不断降低进口关税水平。2003年，党的十六届三中全会提出"转变经济增长方式"，通过"集约型增长"来实现可持续发展的方针，为此，中国对外贸易也必须尽快转变贸易增长方式，提高对外贸易质量和效益，优化对外贸易结构。此外，为应对亚洲金融危机，中国出台了鼓励吸收外资的进口税收政策。

在第五阶段（2004年至今），中国实行的是转变外贸增长方式的外贸政策。2004年以来，国家围绕优化出口商品结构、着力提高产品质量、积极鼓励企业进口国内无法生产的先进技术设备和关键零部件以及促进加工贸易转型升级等方面制定了相应的"转变外贸增长方式"的对外贸易政策。2007年，党的十七大报告指出"转变经济发展方式"是"关系国民经济全局的紧迫而重大的战略任务"，至此改革迈上了一个新台阶，经济转型进入了一个新时期。2008年全球爆发金融危机，给中国的经济造成一定的冲击，影响经济增长和进口贸易。面对严峻的外贸形势，中国政府又出台了一系列稳定进口增长、优化进口结构等的政策措施。2010年，中国对外贸易开始复苏，政府以"拓市场、调结构、促平衡"为中心，对部分商品的出口退税进行了调整。2011年，政府把"促进外贸稳增长"放在更加重要的位置，确保出台的各项"稳增长"措施落实到位。此外，还通过扩大国内短缺的关键零部件、先进技术设备以及供应偏紧商品的进口，继续促进外贸平衡发展。2012年2月，政府印发《关于加快转变外贸发展方式的指导意见》，提出目前对外贸易政策的基本取向是实现贸易平衡，而实现贸易平衡的重要方式是加强进口。该指导意见进一步明确了中国转变外贸发展方式的两大目标，即实现"四个提高"和"四个优化"。"四个提高"包括提高出口商品的国际竞争力、企业的国际竞争力、行为组织协调能力和政府参与国际贸易规则制定的能力；"四个优化"包括优化主体结构、商品结构、市场结构和贸易方式结构。2012年11月，中共十八大报告强调要"加快转变对外经济发展方式"，朝着"优化结构、拓展深度、提高效益"方向转变。坚持出口与进口并重，强化贸易政策与产业政策相协调，推动对外贸易平衡发展。

2. 广州进口发展的四个阶段

结合广州外贸体制改革和广州自身发展特点，我们将改革开放以来广州进口的发展划分为四个比较明显的阶段。

（1）第一阶段：起始基础阶段（1978~1985年）

随着改革开放的持续发展，中共中央和国务院于1979年对开始对广东实行特殊灵活政策，又于1984年批准广州市等14个沿海城市开放政策，将广州市列为开放改革的综合试验区，批准广州建立经济技术开发区，享有经济特区的类似政策。

1980年，广州已恢复设立轻工、机械、工艺、食品、土产、畜产、五金矿产、化工机械、包装进口公司和外运公司。在此期间，广州进口原料范围扩大，除自用外，还经营代理进口，主要商品有成套设备、轻工机械、不锈钢材、有色金属、压延材料等，进口额呈逐年增长趋势。

1984年以来，广州市充分发挥了毗邻港澳、海外华侨众多的地缘和人缘优势，运用中央给予的在改革开放中先走一步的特殊政策，坚持"以外经外贸为导向"的经济社会发展战略，积极发展外向型经济。

（2）第二阶段：持续发展阶段（1986~1996年）

"七五"时期（1986~1990年），广州市制定了《广州经济社会发展战略》，提出了"以外经外贸为导向，以工农业为基础，以科技进步为依托，以轻纺工业和第三产业为重点，把广州建设成为社会主义现代化中心城市"的建设方针。

1992年，邓小平南方谈话发表后，广州积极探索外贸企业股份制改造，在广州外经贸系统进行股份制试点工作，多家外贸公司进行不同类型的股份制试点。

（3）第三阶段：改革发展阶段（1997~2006年）

1999年，为了进一步应对亚洲金融危机，广州各级财政认真实施积极的财政政策，积极支持外贸发展，扶持外贸进口力度大。

2001年，中国加入WTO，广州的改革从以经济体制改革为中心转向政治、经济、文化和社会"四位一体"的综合改革。2003年后，广州更加明确地围绕着建设国际大都市的宏伟目标，进一步扩大对外开放，拓宽利用外资领域，拓展外贸进口市场，外贸迅猛发展。

2005年，广州经济国际化水平不断提高。全市进出口总值为534.88亿美元，其中进口为268.07亿美元。外商投资重点逐步转向基础设施、技术资金密集型产业和现代服务业，世界500强企业有140家进驻广州市。

（4）第四阶段：波动前进阶段（2007~2016年）

2008年全球金融危机爆发以及引发的经济危机，对世界经济和国际贸易的发展产生了巨大的影响。作为对外贸易的一大地区，本次经济危机也在一定程度上影响了广州进口贸易，美国、欧洲等传统的出口市场需求大幅度萎缩，广州对外进口的商品也相应地减少了。

2012年，广州提出对外贸易需要在全国外贸经济发展恢复期保持出口稳定增长的同时，适当扩大进口规模。要坚持进口与出口协调发展原则，优化进口结构，稳定大宗商品进口，积极扩大先进技术设备、关键零部件和能源原材料进口，适度扩大消费品进口。

3. 进口政策存在的问题

（1）进口政策整体上仍偏向于限制

从总体上看，中国进口政策仍然以限制和保护为主。目前，中国进口限制程度依然偏高，就进口关税而言，经过多年的不断调整，进口关税总水平已经下降到9.8%，虽然低于发展中国家的平均水平，但是仍然高于发达国家6.5%的平均关税水平。例如，汽车产业（包括重卡）的进口关税仍高达25%，部分消费品的进口税率也都在10%~30%，高于关税的平均水平，同时还征收各种进口环节税，甚至对一些中国已经具备了很强竞争力的产业也征收高于关税总水平的关税，如服装（16.2%）、鞋帽（19.2%）、家用电器（10.7%）等，由此可以看出中国对于消费品进口的政策还是以限制为主。较高的进口保护程度在一定程度上阻碍了国内外企业的竞争，保护了落后企业的利益，不利于相关产业的长远发展。

（2）进口优惠政策导致企业消化吸收再创新能力不足

广州进口政策仍然偏向于保护和限制，对进口带来的竞争以及竞争可以促进相关产业积极发展的功能仍然没有给予足够重视。广州进口政策的导向主要是鼓励企业引进先进技术，政府也制定了许多相关的政策给予优惠。虽然企业可以在短时间内拥有先进的技术，但也容易使企业更加依赖通过优惠政策获取先进技术的方式，导致许多企业对引进技术消化吸收再创新的动力明显不足，反而陷入"引进—落后—再引进—再落后"的局面，国产的高新技术产品缺乏竞争力。例如，中国国内汽车零部件市场的技术水准还没有达到国际一流水平，因此，很多技术要求较高的产品，国家都是低关税进口，汽车产业核心零部件的平均进口关税税率为10%，主要汽车零部件几乎全部被国外先进厂家垄断，汽车产业在关键技术和核心零部件领域的自主创新能力明显不足，在短时间内还无法摆脱对国外进口的依赖。再以纺织机械行业为例，近年来，中国纺织工业高速发展，有力地拉动了对纺织装备的需求，促进了纺织机械制造业的发展。通过大量的技术引进消化吸收，目前国内常规纺织装备已能全部自给并部分出口，但是纺织行业技术改造所需的新型高档纺织机械仍主要依赖进口。进口这些高端新型纺机通常能够享受免税待遇。国产纺机与进口纺机税赋的不平等，使得国内新型纺机的发展面临严重威胁。国内企业为占领市场，只能微利或亏损经营，根本无力再投入资金开发新产品，有些产品被迫退出市场，严重影响了企业研发新产品的积极性。

综观广州和全国进口政策的发展历程，广州的外贸战略存在一定程度的失衡，较多地强调出口，对进口的重视不够，而且对进口政策的调整也基本上是为了实现出口贸易的目标。这种重视出口、轻视进口的外贸战略在改革开放之初对缓解广州地区外汇不足、促进广州资本的积累、增加广州地区财政收入起到积极的作用，但也给广州地区经济的发展带来一定的消极影响，如大规模的贸易顺差、愈加频繁的贸易摩擦、粗放型的外贸增长方式、产业结构失调以及区域发展不平衡等。在这种情况下，广州积极发展进口贸易便被赋予了特定的意义和作用，例如，缓解日益加剧的贸易摩擦，转变经济增长方式，调整产业结构，改善国内地区间经济发展的不平衡等。

第二节 广州进口主要影响因素的逻辑与实证

一 广州进口主要影响因素的逻辑分析

商品进口，通俗地说就是买境外的物品。最重要的影响因素是有没有支付能力，也就是 GDP 总量大小。其次是境外商品折算为本币的价格，这和汇率关系密切。在外币价格不变时，本币价格的高低完全取决于汇率。同时，在研究影响进口总量的因素时，随着时间变化存在着两种情况：一种情况是在 1978～1996 年，广州处于供给约束型经济，广州资本存量匮乏，经济处于低水平循环困境之中，储蓄严重不足，经济增长的关键在于增加总供给，进口量较小，关税影响较小。另一种情况是在 1997～2016 年，广州宏观经济态势开始向需求约束型经济转变，关税对进口的影响逐渐显露，特别是中国加入 WTO 后，为履行入世承诺，适应新的国际经济环境，进口贸易政策出现大幅度调整，大幅度降低关税水平，因此，在这个时间段，将关税税率纳入考核。

1978～2016 年，广州宏观经济态势经历了从供给约束型经济向需求约束型经济的转变，转变的时点在 1996 年。转变为需求约束型后，总供给大于总需求，经济增长的发动机是总需求。因此，本书为了排除宏观经济态势对广州进口总量的影响，将研究分成 1978～1996 年和 1996～2016 年两个时间段进行分析。

两个阶段的理论模型具体形式分别为：

$$IM = f(Y, e) \tag{4-1}$$

式（4-1）为 1978~1996 年的进口模型，IM 表示进口总额，Y 表示广州地区 GDP，e 表示人民币汇率。

$$IM = f(Y, e, T) \tag{4-2}$$

式（4-2）为 1997~2016 年的进口模型，IM 表示进口总额，Y 表示广州地区 GDP，e 表示人民币汇率，T 表示平均进口关税率。

二 广州进口主要影响因素的统计量

在开放的经济条件下，地区生产总值（GDP）是一个很重要的宏观经济变量，GDP 波动对一国或者地区的对外贸易产生显著的影响，因此，我们在研究广州进口总量的影响因素时将 GDP 作为一个变量指标。考虑到美国在世界经济中的重要地位和中国的对外结算主要使用美元，汇率采用美元人民币直接标价法汇率。

随着中国加入世界贸易组织，关税在进口贸易中的作用日益凸显。根据关税征收对象的不同流向，将关税分成进口关税、出口关税和过境关税，对输入一国关境且最终目的地也为该国的货物和物品征收的关税是进口关税。通常情况下多数进口货物按照货物的不同原产地分别适用不同的关税税率，为了方便研究关税对广州进口总量的影响，这里我们采用平均进口关税率作为研究指标。

对统计数据进行自然对数处理，来消除变量的异方差，减弱时间趋势性，并保证处理后的数据不改变彼此之间存在的长期协整关系。式（4-1）、式（4-2）各变量统计数据见表 4-3、表 4-4。

表 4-3　式（4-1）各变量统计数据

年份	进口总额（万美元）	广州 GDP（万美元）	GDP 指数	价格指数	汇率
1978	232	256516	100.00	100.00	1.68
1979	148	315314	113.41	99.75	1.55
1980	189	376131	130.92	102.00	1.50
1981	1075	360272	142.12	103.53	1.70
1982	2042	357389	156.74	106.82	1.89
1983	2983	373052	171.4	107.87	1.98
1984	3959	372297	201.29	112.67	2.33
1985	11599	349023	238.11	121.20	2.94
1986	22151	314241	251.57	128.72	3.45
1987	53815	335849	289.91	138.64	3.72
1988	69636	395556	341.45	163.16	3.72
1989	60312	408840	357.66	198.33	3.77
1990	67158	358984	398.18	186.25	4.78
1991	117882	375037	462.98	193.80	5.32
1992	174677	446323	570.66	207.67	5.51
1993	248496	539761	721.44	238.29	5.76
1994	281372	428592	857.29	246.23	8.62
1995	343724	515201	998.25	288.96	8.35
1996	397001	582105	1122.48	298.71	8.31

资料来源：①进口总额：广州统计局，http：//210.72.4.52/gzStat1/chaxun/njsj.jsp；② GDP：广州统计信息网，http：//210.72.4.52/gzStat1/chaxun/njsj.jsp；③汇率：国家统计局，http：//data.stats.gov.cn/search.htm?s=%E6%B1%87%E7%8E%87；④GDP 指数：表 2-1；⑤价格指数：表 2-1。

表 4-4　式（4-2）各变量统计数据

年份	进口总额 2（万美元）	汇率	广州 GDP（万美元）	GDP 指数	价格指数	进口关税率（TAX2）
1997	428364	8.29	661673	1272.84	300.12	15.82
1998	396194	8.28	749463	1439.98	296.77	15.50

续表

年份	进口总额2 （万美元）	汇率	广州 GDP （万美元）	GDP 指数	价格指数	进口关税率 （TAX2）
1999	489696	8.28	848258	1629.80	292.28	14.46
2000	607223	8.28	961459	1847.30	298.45	14.67
2001	599511	8.28	1083977	2082.70	299.24	14.11
2002	743214	8.28	1227397	2358.26	295.34	7.71
2003	959786	8.28	1414308	2717.38	298.61	6.48
2004	1239564	8.28	1626789	3125.63	330.41	5.96
2005	1425250	8.19	1857250	3529.64	338.85	4.87
2006	1667543	7.97	2191406	4052.82	347.76	4.25
2007	1890994	7.60	2994793	5281.49	313.72	5.07
2008	2069315	6.95	4259393	6869.24	279.95	4.47
2009	2087111	6.83	5269447	8351.45	253.91	3.94
2010	2942826	6.77	6639226	10429.95	239.73	4.65
2011	3171484	6.46	8468782	12694.91	227.09	5.99
2012	2889222	6.31	11254068	16478.40	190.83	6.10
2013	2796767	6.19	15148073	21758.26	165.28	5.30
2014	2885984	6.14	17522698	24965.80	155.28	4.74
2015	2626245	6.23	21599029	31174.59	134.73	4.52
2016	2547458	6.64	21891919	33730.91	136.23	3.54

资料来源：①进口总额：广州统计局，http：//210.72.4.52/gzStat1/chaxun/njsj.jsp；② GDP：广州统计信息网，http：//210.72.4.52/gzStat1/chaxun/njsj.jsp；③汇率：国家统计局，http：//data.stats.gov.cn/search.htm?s=%E6%B1%87%E7%8E%87；④ GDP 指数：表2-1；⑤价格指数：表2-1；⑥进口关税率：WITS 网站 –AHS 加权关税平均值，https：//wits.worldbank.org/ CountryProfile/en/Country/BY-COUNTRY/StartYear/2006/EndYear/2010/TradeFlow/Import/Indicator/AHS-WGHTD-AVRG/Partner/CHN/Product/Total#。

三 单位根检验

进行回归分析前，需要先检验数据的平稳性，用平稳性分析检验时间序列，就是检验时间序列的统计规律随着时间的推移是否改变的过程。若该数据初始是非平稳的，则需要进行差分处理，使之变成平稳序列，若一个非平稳序列通过 n 次差分后可变成平稳序列，则称该序列是 n 阶平稳，记为 $I(n)$，$I(0)$ 为平稳序列，如果数据分析检验后得知是平稳的，则可以继续对其进行回归分析，通过这种做法可以减少"伪回归"情况的出现（姚升、张士云，2009）；反之，则不能继续回归分析，必须在对模型数据进行相关处理后，才可以对模型进行回归分析。本书采用 ADF 法对数据的平稳性进行检验。1978~1996 年各变量数据的平稳性检验如表 4-5 所示。

表 4-5 1978~1996 年变量的平稳性检验

变量	差分次数	ADF 值	(C, T, K)	DW 值	10% 临界值	5% 临界值	1% 临界值	结论
$\ln IM$	2	−4.43	$(0, 0, 1)$	2.03	−1.60	−1.97	−2.74	$I(2)^{***}$
$\ln Y$	2	−3.11	$(0, 0, 1)$	1.96	−1.60	−1.97	−2.74	$I(2)^{***}$
$\ln e$	2	−4.84	$(0, 1, 1)$	2.23	−3.34	−3.79	−4.80	$I(2)^{***}$

通过检验发现，1978~1996 年这三个变量的二阶差分均呈现平稳性。

1997~2016 年各变量数据的平稳性检验如表 4-6 所示。

表 4-6 1997~2016 年变量的平稳性检验

变量	差分次数	ADF 值	(C, T, K)	DW 值	10% 临界值	5% 临界值	1% 临界值	结论
$\ln IM$	1	−4.85	$(0, 1, 1)$	2.10	−3.28	−3.69	−4.57	$I(1)^{***}$
$\ln Y$	2	−4.25	$(0, 0, 1)$	1.70	−1.61	−1.96	−2.71	$I(2)^{***}$
$\ln T$	1	−2.81	$(0, 0, 1)$	1.86	−1.61	−1.96	−2.71	$I(1)^{***}$

续表

变量	差分次数	ADF 值	(C, T, K)	DW 值	10% 临界值	5% 临界值	1% 临界值	结论
ln$e$	2	−3.82	(0, 0, 1)	1.81	−1.61	−1.96	−2.71	$I(2)$***
ln$P$	2	−4.98	(0, 0, 1)	1.84	−1.61	−1.96	−2.71	$I(2)$***

检验结果表明，1997~2016 年这五个变量的二阶差分呈现平稳性。

四 协整检验

协整关系描述的是两个或多个非平稳时间序列的均衡关系。协整检验的作用是观察未来的发展能否对整体起到协调的作用，其重要意义在于其刻画了变量之间是否具有某种长期稳定的均衡关系，检验变量之间是否具有长期稳定关系。一般而言，协整检验主要有 Engle-Granger 两步法和 Johanse 方法，根据方法适用的不同情况，本书选取 Johanse 方法对估计变量进行协整检验，结果见表 4–7、表 4–8。

表 4–7　1978~1996 年变量 IM、Y、e 之间 Johanse 协整检验结果

原假设	迹统计量（P 值）	5% 临界值	λ-max 统计量	5% 临界值
无协整关系	28.80（0.06）	29.80	18.92（0.09）	21.13
至少有 1 个协整关系	9.99（0.30）	15.50	9.30（0.26）	14.26
至少有 2 个协整关系	0.58（0.45）	3.84	0.58（0.45）	3.81

根据表 4–7 中迹统计量可以得知，在显著性水平 5% 的条件下，变量 IM、Y、e 之间存在着长期均衡关系。

表 4–8　1997~2016 年变量 lnIM、ln$Y$、ln$T$、ln$e$、ln$P$ 之间 Johanse 协整检验结果

原假设	迹统计量（P 值）	5% 临界值	λ-max 统计量	5% 临界值
无协整关系	114.30（0.00）	69.82	47.16（0.00）	33.88
至少有 1 个协整关系	67.13（0.00）	47.86	32.79（0.01）	27.58

续表

原假设	迹统计量（P值）	5%临界值	λ-max 统计量	5%临界值
至少有2个协整关系	34.34（0.01）	29.80	18.69（0.11）	21.13
至少有3个协整关系	15.65（0.05）	15.50	15.45（0.03）	14.26
至少有4个协整关系	0.20（0.65）	3.84	0.20（0.65）	3.84

根据表4-8中迹统计量可以得知，在显著性水平5%的条件下，变量 $\ln IM$、$\ln Y$、$\ln T$、$\ln e$、$\ln P$ 之间存在着长期均衡关系。

五　模型估计

根据上面的Johanse协整检验结果，通过使用Eviews9.0软件，采用OLS（最小二乘法），分别对1978~1996年和1997~2016年的因变量和自变量所形成的回归模型进行估计，所得估计结果如下。

1978~1996年：

$$IM = -64206.89 + 496.6Y - 10144.76e + 0.81AR(1) - 0.69AR(2) \quad （4-3）$$

$$t_1 = 11.50 \quad t_2 = 21.44 \quad t_3 = -3.44$$

$$R^2 = 0.9975 \quad DW = 1.92$$

式（4-3）中，IM 表示进口总额，统计量为广州进口总额；Y 表示实际 GDP，统计量为 GDP 指数；e 表示人民币汇率，统计量为美元兑人民币汇率。其他因素作为解释变量不显著，从方程中剔除。两个解释变量系数的符号与经验一致：进口是收入水平的增函数，是汇率的减函数。方程经过一阶差分和二阶差分后消除了序列相关性，各项检验指标均比较显著。

1997~2016 年：

$$\ln IM = 0.40\ln Y - 0.42\ln T + 1.05\ln P - 2.71\ln e \qquad (4-4)$$
$$t_1 = 25.95, \quad t_2 = -5.68, \quad t_3 = 6.15, \quad t_4 = -5.43$$
$$R^2 = 0.9792, \quad DW = 1.39$$

式（4-4）中，IM 表示进口总额，统计量为广州进口总额；Y 表示实际 GDP，统计量为 GDP 指数；T 表示进口关税税率，统计量为表 4-4 中的 TAX2；P 表示价格水平，统计量为价格指数（GDP 平减指数）；e 表示人民币汇率，统计量为美元兑人民币汇率。与式（4-3）比较，式（4-4）的解释变量多了关税和价格水平两个解释变量，其一，进口是关税的减函数，符合经验，因为关税导致进口品价格上升，抑制需求量。其二，广州的价格总水平反映了广州总需求热度，总需求推动价格上升，同时拉动进口，反之则反是。

为了避免出现"伪回归"，将式（4-3）、式（4-4）的残差分别进行单位根检验来确定其是否平稳，检验结果见表 4-9 和表 4-10。

表 4-9 式（4-3）的残差数据单位根检验

变量	差分次数	(C, T, K)	DW 值	ADF 值	1% 临界值	5% 临界值	10% 临界值	结论
R	1	$(0, 0, 1)$	2.32	−4.85	−2.84	−1.99	−1.60	$I(1)$ ***

表 4-10 式（4-4）的残差数据单位根检验

变量	差分次数	(C, T, K)	DW 值	ADF 值	1% 临界值	5% 临界值	10% 临界值	结论
R	1	$(0, 0, 1)$	2.28	−6.6	−2.73	−1.97	−1.61	$I(1)$ ***

从表 4-9 和表 4-10 的检验结果可以看出，两个表中 ADF 值分别为 −4.85 和 −6.6，明显要小于 −2.84 和 −2.73 这两个临界值（1%），表明在 1% 的显著性水平下，这两个回归方程的残差项是平稳的，回归方程（3-1）、（3-2）不是伪回归。所以可以得出 1978~1996 年的 IM、Y、e 和 1997~2016 年的 $\ln IM$、

$\ln Y$、$\ln T$、$\ln e$、$\ln P$ 之间分别存在着协整关系，说明该协整回归模型的分析是有意义的。

六　各影响因素的重要性分析

前面拟合的数量方程中解释变量的系数反映了各变量的"敏感性"，但是，我们还关心各变量在观测期间的"重要性"。我们通过 Beta 系数分析工具来衡量不同影响因素对广州进口变化的重要性。β 越高，意味着该影响因素对因变量的影响越大。β 系数计算方法见式（4-5）。

$$\hat{\beta}_j^* = \hat{\beta}_j \frac{S_x}{S_y} \quad (j = 1, 2, \cdots, k) \tag{4-5}$$

1978~1996 年，影响广州进口总额的主要因素是 GDP 指数（Y），$\hat{\beta}_0 = 496.6$；人民币汇率（e），$\hat{\beta}_1 = -10144.76$。GDP 指数、人民币汇率和进口总额三个变量的标准差分别为：

$$S_0 = 312、S_1 = 2.36、S_y = 130994$$

于是有：

$$\hat{\beta}_0^* = 1.183$$
$$\hat{\beta}_1^* = 0.183$$

足以见，在 1978~1996 年，GDP 指数的重要性大约是人民币汇率重要性的 6.5 倍。

1997~2016 年，广州进口总额的主要因素广州实际 GDP（$\ln Y$）系数的估计值 $\hat{\beta}_3 = 0.40$，平均进口关税率（$\ln T$）系数的估计值 $\hat{\beta}_4 = -0.42$，价格指数

（lnP）系数的估计值 $\hat{\beta}_5 = 1.05$，人民币汇率（e）系数的估计值 $\hat{\beta}_6 = -2.71$。解释变量和被解释变量的标准差分别为：

$$S_3=1.20、S_4=0.51、S_5=0.31、S_6=0.123、S_y=0.74$$

于是有：

$$\hat{\beta}_3^* = 0.64$$
$$\hat{\beta}_4^* = -0.289$$
$$\hat{\beta}_5^* = 0.43$$
$$\hat{\beta}_6^* = -0.45$$

比较上述 4 个 β 系数的绝对值，不难看出，1997~2016 年广州进口总额影响因素的重要性依次为实际 GDP、人民币汇率、价格指数、进口关税税率。

第三节 广州进口结构的变化趋势

一 广州进口结构划分

改革开放以来，大型成套设备如冶金、煤炭、石油、机械、电子、化纤、化肥的相关设备的进口对于扭转广州工业落后面貌、改善民生起到非常重要的作用，各种报刊都曾大量刊载过进口促进经济增长的鲜活实例。广州进口商品结构的特点能在一定程度上反映广州的要素资源禀赋、经济发展水平和贸易政策；而且为了更进一步地研究广州的进口贸易发展，研究广州不同时期的进口结构也至关重要。本节通过分析较长时间跨度（1999~2016 年）的广州进口商品情况，研究广州进口商品结构的时间序列变化。

《广州市统计年鉴》根据 HS 编码准则，把广州进口商品分成 22 个大类。HS 编码涵盖了《海关合作理事会税则分类目录》（CCCN）和联合国《国际贸易标准分类》（SITC）两大分类编码体系。HS 编码将国际贸易商品分为 22 个大类，99 章，基本上是以商品所属的生产行业为类的划分依据，属于同一生产部类的产品归为一类。

由于 HS 编码分类下商品种类很多，本节将 HS 编码分类进一步划分成四个大类：第一大类是资源产品和农产品原料，包括活动物、动植物产品，动植物油脂及蜡，食品、烟草及制品和矿产品等，所占比重维持在 10%~18%。第二大类是机电、仪器、设备及运输产品等（以下简称资本品），进口比重在 30%~43%。第三大类是按原料分类的制成品和化工产品（以下简称制成品和化工产品），其中包括：化工产品，塑料、橡胶及其制品，皮革、毛皮及其制品、旅行用品、手提包，木及木制品、草柳编结品，木浆、纸、纸板及制品，纺织原料及纺织制品，鞋帽伞杖、加工羽毛、人造花、人发制品，石材制品、陶瓷产品、玻璃及其制品，贱金属及其制品等。第四大类是其他商品，包括杂项制品，武器、弹药及其零件、附件，艺术品、收藏品及古物，特殊交易品及未分类产品等。广州进口商品情况如表 4-11 所示。

表 4-11 1999~2016 年广州进口商品情况

年份	资源品和农产品原料		资本品		制成品和化工产品		其他商品	
	进口额（美元）	占比（%）	进口额（美元）	占比（%）	进口额（美元）	占比（%）	进口额（美元）	占比（%）
1999	114321	12.23	292260	31.26	466045	49.84	62393	6.67
2000	155601	13.46	350993	30.36	569030	49.22	80386	6.95
2001	148663	13.03	371887	32.58	539435	47.26	81339	7.13
2002	154734	10.94	537115	37.96	620564	43.86	102444	7.24
2003	246247	13.64	678281	37.57	755350	41.84	125305	6.94
2004	316623	13.58	892256	38.27	972471	41.71	150059	6.44
2005	308422	11.50	1061730	39.59	1139686	42.50	171956	6.41
2006	364157	11.60	1325762	42.23	1257586	40.06	191825	6.11

续表

年份	资源品和农产品原料		资本品		制成品和化工产品		其他商品	
	进口额（美元）	占比（%）	进口额（美元）	占比（%）	进口额（美元）	占比（%）	进口额（美元）	占比（%）
2007	454923	12.78	1367968	38.44	1517773	42.64	218462	6.14
2008	622682	15.99	1521264	39.06	1520856	39.05	229942	5.90
2009	588656	14.99	1571222	40.00	1549639	39.45	218682	5.57
2010	897383	16.20	2318701	41.86	1993923	36.00	328887	5.94
2011	911713	15.27	2500989	41.90	2198643	36.83	358072	6.00
2012	959558	16.47	2514793	43.17	1974712	33.90	376155	6.46
2013	883329	15.87	2284130	40.66	1958495	34.87	482947	8.60
2014	891648	14.62	2428235	42.28	1916222	33.36	559751	9.75
2015	839625	16.99	2284798	42.81	1664635	31.19	480983	9.01
2016	907040	17.77	2149435	42.12	1559055	30.55	487707	9.56

资料来源：根据历年《广州市统计年鉴》有关数据整理。

二 广州进口商品结构变动

进一步地，我们做出图4-7、图4-8、图4-9。

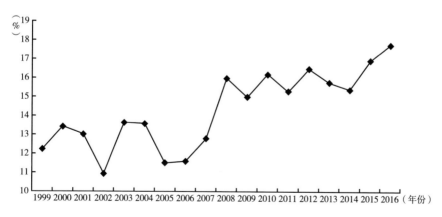

图4-7 1999~2016年资源品和农产品原料进口占比变化趋势

资料来源：表4-10。

从图 4-7 观察，1999~2016 年，资源品和农产品原料进口总额总体处于增长态势，由 1999 年的 114321 美元增加到 2016 年的 907040 美元，增长了 6.93 倍。进口占比总体来说变化不大，1999 年占比为 12.23%，2016 年占比为 17.77%，仅增长 5.54 个百分点。

2008 年后广州资源品和农产品原料出现小幅度的增长，可能是因为 2001 年加入世界贸易组织后广州进口的门槛下降（如降低关税），资源品和农产品原料进口的难度降低，国内对资源品和农产品原料的需求也增加了。

图 4-8 1999~2016 年资本品进口占比变化趋势

资料来源：表 4-11。

从图 4-8 观察，1999~2016 年，资本品进口占比总体呈上升趋势。1999~2001 年，资本品进口占比为 31% 左右，2002 年后，进口占比一直增长，从 2001 年的 32.58% 增长到 2006 年的 42.23%，增长了近 10 个百分点。2007 年有所下降，降至 38.44%。2007~2012 年，资本品进口占比一直增加，2012 年达到此阶段最大值 43.17%，2013~2016 年在 42% 上下波动。

从图 4-9 观察，1999~2016 年，制成品和化工产品进口占比总体处于下降趋势，由 1999 年的 49.84% 下降到 2016 年的 30.55%，下降了约 19 个百分

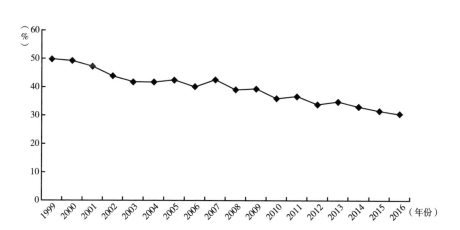

图 4-9 1999~2016 年制成品和化工产品进口占比变化趋势

资料来源：表 4-11。

点，在此期间，2002 年、2008 年和 2010 年下降幅度相对较大。

总体来看，以往广州进口商品结构以制成品和化工产品为主，经过发展，广州进口结构已经实现由制成品和化工产品为主向资本品为主的转变。从四种分类的变化趋势来看，资源品和农产品原料、资本品进口占比不断增加，而制成品和化工产品占比不断下降。

第四节 本章结论

考虑到 1978~2016 年广州宏观经济态势经历了从供给约束型经济向需求约束型经济的转变，本章分成 1978~1996 年和 1996~2016 年两个时期，对改革开放 40 年来广州的进口总额与结构进行了初步研究，得到了如下主要结论。

一 关于进口总量变化趋势

在供给约束型经济态势下，广州进口贸易整体上呈现不断上升的趋势，进口总额从 1978 年的 232 万美元增加到 1996 年的 397001 万美元，增长了 1710 倍。特别是 1992 年以后中国进入社会主义市场经济阶段，增长率有了大幅度提升，初步形成以贸易多元化、经济国际化为目标的外向型经济体系。在需求约束型经济时代，广州制造业供给能力迅猛增长，工业制成品总量在满足本地需求后还有富余，结构上与国内外调剂，因此进口增量下降，但整体进口总额仍增长了近 5 倍。

二 实证研究结论

在供给约束型经济下，影响广州进口总额的因素主要是本市实际生产总值（实际 GDP）和人民币汇率。在其他条件不变时，GDP 指数每变动 1 个单位，广州进口总额就同向变动 496.6 个单位；人民币汇率每变动 1 个单位，广州进口总额就反向变动 10144.76 个单位。

在需求约束型经济下，影响广州进口总额的因素主要是本市实际生产总值（实际 GDP）、人民币汇率、价格指数和进口关税税率。在其他条件不变时，GDP 指数每变动 1%，广州进口总额就同向变动 0.4%；人民币汇率每变动 1%，广州进口总额就反向变动 2.71%；平均进口关税税率每变动 1%，广州进口总额就反向变动 0.42%；价格指数每变动 1%，广州进口总额就同向变动 1.05%。

三 关于广州进口商品结构

改革开放 40 年来，广州市已经实现由以制成品和化工产品为主向以资本品为主的转变。从四种分类的变化趋势来看，资源品和农产品原料、资本品进口占比不断增加，而制成品和化工产品占比不断下降。

第五章　改革开放 40 年广州产业结构与就业量

从 1978 年到 2018 年，中国改革开放走过了 40 年。在 40 年的改革开放历程中，广州经济发展突飞猛进，而产业结构作为经济发展的关键也同样经历了重大变革，第一产业、第二产业和第三产业产值在 GDP 中的占比发生了巨大的变化。同时，产业结构的变化也会影响各个产业吸收劳动力能力的变化。统计资料显示，改革开放后，广州就业人口虽然呈现增长趋势，但是各年的增长幅度有差别，有的年份会出现就业增长率的极大增加，而有的年份却只有细微的增长，甚至出现减少的情况，导致这些现象的原因究竟是什么，或者说是什么事件的发生对就业量产生了相应的影响，这些都是值得深入研究的。近年来，许多学者都曾深入研究过这个问题，如张抗私、盈帅和戴丽霞（2012）、韩文宾和潘新雨（2009）等。另外，根据我们之前的研究（刘巍，2010），一国的经济态势大致可以分为供给约束型经济和需求约束型经济，而不同的经济态势对经济发展的要求也会有所不同。广州在 1978~2016 年经历了从供给约束型经济向需求约束型经济的转变，并且转变发生在 1996 年，故本章的研究分为两个时段：一是 1978~1996 年；二是 1997~2016 年。首先探讨改革开放 40 年广州就业量和产业结构的变动趋势，并分析其间重要节点的情况；其次深入分析广州就业影响因素敏感性（弹性），最后与全国就业变动趋势进行比较，意在总结 40 年来的经验，为进一步促进就业提供历史和逻辑的依据。

第一节　广州就业量及产业结构变动趋势

改革开放 40 年来，广州产业结构和就业量发生了明显的变化，产业结构与就业量的变动影响着经济的发展质量。广州市统计局统计资料表明，1952 年，广州国内生产总值只有 5.39 亿元，就业人数也只有 111.87 万人[①]，并且第一产业产值占 GDP 的比重高达 20.01%[②]。1978 年，广州市国内生产总值上升到 43.09 亿元，就业人数也增加到 266.9 万人，第一产业产值占 GDP 的比重也下降至 11.67%，并且，在改革开放 10 周年的时候，就业人数已经高达 333.98 万人，第二产业产值在 GDP 中占主要地位，同时，第三产业发展势头越来越好。虽然改革开放后广州就业量和产业结构都呈现较好的发展趋势，但各年的实际情况还是有所不同，并且不同年份会出现较大的差异。例如，广州 1982 年就业量增长率为 3.95%，而 1989 年则为负增长。同时，产业结构虽然总体趋势保持不变，但也有些年份出现了异常状态。因此，在分析就业量及产业结构总体变化趋势的基础上，本书针对特殊时间段进行深入分析，探讨其原因，这是分析改革开放 40 年广州就业量及产业结构变动趋势不可或缺的环节。

我们选取广州市全社会从业人员数作为广州就业量，以第一产业产值在 GDP 中的占比、第二产业产值在 GDP 中的占比以及第三产业产值在 GDP 中的占比表示三次产业的产业结构，数据见表 5-1、表 5-2，表中 *Emp*、*Y*、*PI*、*SI* 和 *TI* 分别表示广州市全社会从业人员数、实际 GDP、第一产业产值在 GDP 中的占比、第二产业产值在 GDP 中的占比、第三产业产

[①] 资料来源：广州统计信息网"广州 50 年——第三篇——社会从业人员数"，网址：http: //210.72.4.52/gzStat1/ chaxun/njsj.jsp。

[②] 资料来源见广州统计信息网"广州 50 年——第一篇——国内生产总值"，网址：http: //210.72.4.52/gzStat1/ chaxun/njsj.jsp。

值在 GDP 中的占比，其中，实际 GDP——Y 由名义 GDP 和 GDP 指数计算而得。

一 1978~1996年广州市就业量和产业结构变化趋势及拐点分析

（一）1978~1996年广州就业量变动趋势分析

我们用表 5-1 的数据制成图 5-1，从中可发现，1978~1996 年广州就业人数呈现出总体增长趋势。在 1990 年之前，广州就业人数增长相对较慢，而在 1990 年之后增长幅度相对较大。1988 年到 1989 年，广州就业量没有明显增加，几乎呈现水平趋势，可见，1988~1989 年是广州就业量变动的一个重要节点。

表 5-1 1978~1996 年广州市就业量及产业结构

年份	Emp（万人）	Y（亿元）	PI（%）	SI（%）	TI（%）	就业增长率（%）
1978	266.90	43.09	11.67	58.59	29.74	6.12
1979	266.93	48.87	10.58	55.33	34.10	0.01
1980	275.05	56.42	10.85	54.52	34.64	3.04
1981	282.61	61.25	10.18	57.17	32.66	2.75
1982	293.77	67.55	12.23	56.19	31.58	3.95
1983	298.20	73.86	10.94	57.31	31.75	1.51
1984	305.44	86.75	10.18	52.46	37.36	2.43
1985	313.47	102.61	9.69	52.92	37.39	2.63
1986	321.92	108.41	9.46	50.24	40.30	2.70
1987	328.97	124.94	9.05	45.85	45.10	2.19
1988	333.98	147.15	9.49	47.55	42.96	1.52
1989	333.74	154.13	8.45	45.03	46.52	−0.07
1990	341.15	171.59	8.05	42.65	49.30	2.22
1991	355.95	199.52	7.29	46.53	46.18	4.34
1992	371.12	245.92	6.98	47.25	45.77	4.26

续表

年份	*Emp*（万人）	*Y*（亿元）	*PI*（%）	*SI*（%）	*TI*（%）	就业增长率（%）
1993	388.96	310.90	6.39	47.19	46.42	4.81
1994	399.15	369.45	6.15	46.24	47.61	2.62
1995	407.78	430.19	5.83	45.90	48.26	2.16
1996	412.21	483.73	5.53	45.77	48.70	1.09

资料来源："社会从业人员数和名义GDP"的数据见广州统计信息网的"年度报表广州统计信息手册（2017）"栏目——主要年份社会从业人员年末人数和主要年份地区生产总值，其中1981~1984年的数据见广州统计信息网的"广州50年——第一篇——国内生产总值和第三篇——社会从业人员"，网址：http：//210.72.4.52/gzStat1/chaxun/njsj.jsp。

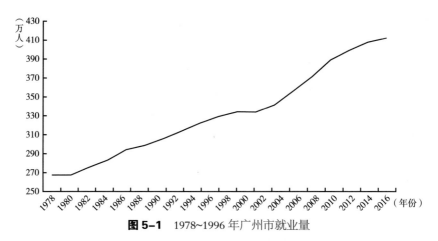

图5-1 1978~1996年广州市就业量

资料来源：表5-1。

到1988年时，广州改革开放已经经历了整整十年，在这十年里，劳动力因素对广州经济增长的贡献率十分显著，原因是国家决定在广东地区率先进行改革开放，并且实行"特殊政策和灵活措施"，这些针对性的政策措施极大地鼓舞了广东乃至全国人民的积极性。同时，随着农村家庭联产承包责任制的进一步推行，大量的农村剩余劳动力得到解放，纷纷前往改革开放的前沿地区，而广州作为广东省的中心城市，劳动力的增加尤为显著。1984年，广州经济技术开发区成立，这无疑又为广州经济发展带来了新的机遇。在改革开放十周年——1988年的时候，改革开放进入以整顿、治理和深化改革为核心的新阶段，因此，1989年广州就业人数不增反而有所下降。

在改革开放首个十年中，尽管改革目标不十分明确，但也在"摸着石头过河"，打破了旧的体制，促进了生产力的发展，也为广州日后的经济发展打下了坚实的基础。经过对过去十年改革措施以及经济成效等的思考，1989年之后，广州在保持原有优势的基础上，更好地利用政策措施，吸引了越来越多的务工人员，就业量呈现快速增长趋势。尤其在1992年邓小平南方谈话以及中共十四大确立发展社会主义市场经济体制之后，广州及整个广东又掀起了一股改革开放的大潮，1993年广州就业增长率达到4.81%，明显高于其他年份（见图5-2）。再结合图5-3，虽然广州GDP在1987~1996年保持增长趋势，但是从图中可以明显看出，在1978~1988年，GDP增长趋势明显小于1988~1996年。于是，可以进一步做出判断，广州1978~1996年就业人数受GDP影响，并且呈正相关关系，在GDP增长较缓慢的时期，就业人数也增长较缓慢，而在GDP增长较快的时期，就业人数也呈现较快地增长。

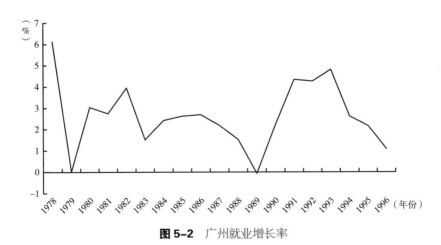

图 5-2 广州就业增长率

资料来源：根据表5-1数据计算。

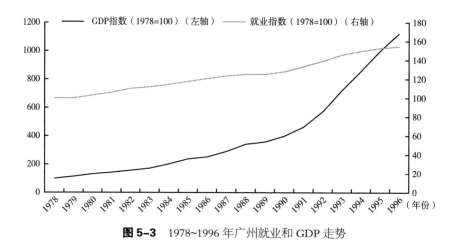

图 5-3 1978~1996 年广州就业和 GDP 走势

（二）1978~1996年广州产业结构变动趋势分析

从图 5-4 中可以观察到，第一产业产值在 GDP 中的占比呈现明显的下降趋势，并且在 1978~1996 年期间占比较小，这种现象与改革开放政策的实行是分不开的。在改革开放过程中，广州市竭力调整产业结构，大力发展第三产业，第三产业产值在 GDP 中的占比持续上升。在改革开放头几年第三产业发展还较为缓慢，处于探索时期。1984 年，广州被批准为第一批沿海开放城市之一，这无疑为广州经济发展带来了强大的动力，在这一年，第三产业产值在 GDP 中的占比较上一年增长了 17.6%，达到 37.36%，同时，第二产业产值在 GDP 中的占比出现了明显的下降。但是，在 1984~1985 年，广州也因为经济的快速发展出现了需求过热现象，导致经济过热，1985 年广州工业增长率居全国十大城市之首，使得广州第二产业产值在 GDP 中的占比又出现上涨，而第三产业产值在经历 1984 年的大涨后增长率明显下降。针对经济过热现象，1985 年底，全国范围的"一刀切"紧缩政策又使得广州工业增长率下降，随后几年广州第二产业产值在 GDP 中的占比呈现下降趋势，并保持基本稳定。再结合广州 GDP 走势，自 1988 年开始，广州 GDP 快速增长，经济发展速度明显加快。1988 年，国家开始针对前十年的改革开放相关措施进行整顿，吸取经验教训，再加上广州就业人数快速增长，这些都为广州大力发展第三产业提供了发展的机遇以及劳动力基础，也促使广州第三产业在随后几年出现了大的飞跃。1989 年，第三产业产值在 GDP 中的占比首次超过第二产业，随后基本保持在较高的水平。

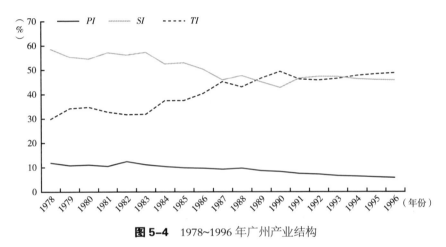

图 5-4　1978~1996 年广州产业结构

注：PI、SI、TI 分别为第一产业产值在 GDP 中的占比、第二产业产值在 GDP 中的占比、第三产业产值在 GDP 中的占比。

总的来说，广州产业结构变化还是较为明显的，第一产业产值占比从 1978 年的 11.67% 下降到 1996 年的 5.53%，下降了约 6 个百分点，并且第一产业产值在 GDP 中的占比在 1978~1996 年期间几乎一直呈现下降趋势，也只在 1982 年和 1988 年出现小幅度上升，第二产业产值在 GDP 中的占比也呈现下降趋势，其走势基本上与第三产业产值占比相反，并且逐渐被第三产业反超。从这些趋势中可以看出，广州市的产业结构由之前的第二产业占主导地位的格局转变为由第三产业占主导地位的格局，产业结构不断优化。

二 1997~2016年广州市就业量及产业结构分析

（一）1997~2016年广州市就业量变化趋势分析

我们用表5-2的数据制成图5-5，从中可以看出，1997~2016年广州市就业人数呈现递增趋势，并且增长起伏较小，除了在2000年和2012年前后有所波动外，其他年份基本呈稳定增长态势。

表5-2 1997~2016年广州市就业量及产业结构

年份	Emp（万人）	Y（亿元）	PI（%）	SI（%）	TI（%）	就业增长率（%）
1997	428.21	548.47	5.11	45.36	49.53	3.88
1998	445.39	620.49	4.69	43.31	51.99	4.01
1999	454.89	702.28	4.34	43.52	52.13	2.13
2000	496.26	796.00	3.79	40.98	55.23	9.09
2001	502.93	897.44	3.42	39.14	57.43	1.34
2002	507.02	1016.17	3.22	37.81	58.98	0.81
2003	521.07	1170.92	2.92	39.53	57.54	2.77
2004	540.71	1346.83	2.63	40.18	57.19	3.77
2005	574.46	1520.92	2.53	39.68	57.79	6.24
2006	599.50	1746.36	2.11	40.14	57.74	4.36
2007	623.63	2275.79	2.10	39.57	58.33	4.03
2008	652.90	2959.96	2.04	38.95	59.01	4.69
2009	679.15	3598.64	1.89	37.26	60.85	4.02
2010	711.07	4494.27	1.75	37.24	61.01	4.70
2011	743.18	5470.24	1.65	36.84	61.51	4.52
2012	751.30	7100.54	1.58	34.84	63.59	1.09
2013	759.93	9375.63	1.47	34.01	64.52	1.15

续表

年份	Emp（万人）	Y（亿元）	PI（%）	SI（%）	TI（%）	就业增长率（%）
2014	784.84	10757.76	1.31	33.47	65.23	3.28
2015	810.99	13433.13	1.25	31.64	67.11	3.33
2016	835.26	14534.65	1.22	29.42	69.35	2.99

资料来源：广州统计信息网"年度报表广州统计信息手册（2017）"栏目——主要年份社会从业人员年末人数和主要年份地区生产总值，网址：http://210.72.4.52/gzStat1/chaxun/njsj.jsp。

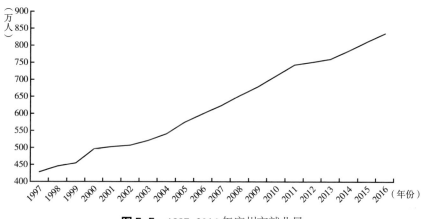

图5-5　1997~2016年广州市就业量

资料来源：表5-2。

2001年，广州先后建设了全运会场馆、广州国际会展中心等工程以及进行广州新机场迁建、地铁建设、内外环线高速公路建设，在正式动工之前需要招聘大量的劳动力以及相关的工作人员，这无疑使就业人数大增。如表5-2所示，2000年广州就业人数增长率高达9.09%，成为1997~2016年就业人数增长最快的一年。随着上述工程正式启动，这些基础设施建设所需的相关工作人员都已准备就绪，后期需要新增的就业人员较前期所需招聘的人数少，因此，2001年广州就业人数增长幅度出现明显下降，增加人数较2000年有较大差距。并且，2001年，中国加入WTO，广州的改革也由以经济体制改革为中心转向政治、经济、文化和社会"四位一体"的综合改革，这在一定程度上也影响了广州的就业增长率。在随后的几年里，广州经济增长又恢复了平稳状态，就业人数也保持稳定的增长。但是，从图5-5中可以看出，在2004年宣布广州为下一个举办亚运会的城市后，为了亚运会相关基础设施的建设，在2004~2010年，广州就业人数增长幅度较之前相对高一些。从图5-6可以更直观地看到，2006~2011年的广州就业人数增长率比其他年份更高、更稳定，当然，这与广州乃至全国的经济发展都是高度相关的。2012年，广州就业增长率出现小幅度下降，而2014年之后，随着经济的发展，广州就业人数的增长幅度又有所提升。

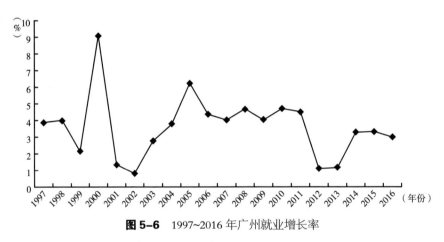

图5-6 1997~2016年广州就业增长率

资料来源：表5-2。

从上述分析可知，1997~2016年影响广州就业人数的主要是大型基础设施建设的需要，从经济学的角度分析，一个大型的基础设施如亚运会所需的场馆及配套设施的兴建，可以极大地带动广州经济的发展。十一届全国运动会就曾为山东带来68.7万个就业岗位，同时拉动山东第三产业增速年均提高0.5个百分点左右，并且使其第三产业年均增速达到14%左右（颜鸿填，

2010，第34~36页）。可以看出，广州1997~2016年就业人数的变化除了经济增长的因素外，与亚运会和全运会的举行是分不开的。

另外，从图5-7可以看出，1997~2016年广州市GDP呈增长趋势，并且2006~2007年之后增长速度明显加快。将广州这段时期的就业量与GDP联系起来看，在GDP增长相对较缓的时期，就业量的增长也相对较慢，随着2006~2007年之后GDP的快速增加，广州就业量增长率也基本上稳定在一个较高的水平上。总体而言，就业量的变化趋势与GDP的变化趋势呈现明显的正相关。因此，可以说，1997~2016年就业人数的总体增长与广州这段时期的经济发展是密不可分的。

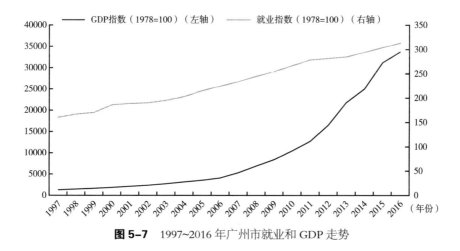

图5-7 1997~2016年广州市就业和GDP走势

2. 1997~2016年广州市产业结构走势分析

如图5-8所示，1997~2016年广州第二产业产值在GDP中的占比基本呈下降趋势，并且没有出现很大程度增长的情况，而第三产业产值与之相反，在GDP中的占比明显上升，从1997年的49.53%上升到2016年的69.35%，增长率达到40%左右。其间第三产业产值占比保持稳定增长，没

有出现大起大落的情况。第一产业产值在整个 GDP 中的占比持续下降，至
2016 年时，其在 GDP 中的占比只有 1.22%。1997~2016 年，三大产业产值
在 GDP 中的占比呈现以上特点，是与 1997~2016 年影响广州产业结构变化
的重大事件和经济发展的时代要求等密不可分的。1997~2016 年，广州先后
进行了全运会、亚运会等重大体育赛事以及新机场的迁建和地铁等的新建工
作，给广州现代服务业与传统服务业提供了高速发展的机会，在这些项目进
行时，与之关系密切的旅游业、商业、金融保险业、信息咨询业、餐饮业、
房地产业以及邮政电信业等，都能得到快速的发展，这对产业结构提升起到
了很大的推动作用，同时使第三产业产值上升比较快；而相反地，第二产业
产值和第一产业产值增长速度就会相对较慢。与之相对应，第三产业产值在
GDP 中的占比越来越大，而第二产业产值和第一产业产值却出现下降趋势。
随着广州以及全国经济的发展，广州产业结构的这种变化是时代的要求，同
时也是经济发展的结果，广州作为特大城市，过度发展第一产业会使本来就
成本很高的土地资源更加稀缺，而过度发展第二产业也会使环境代价严重，

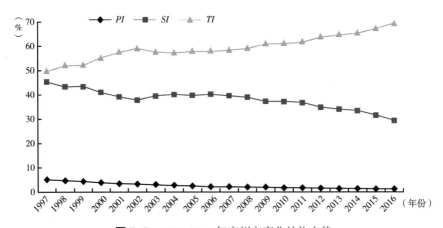

图 5-8 1997~2016 年广州市产业结构走势

注：*PI*、*SI*、*TI* 分别为第一产业产值在 GDP 中的占比、第二产业产值在 GDP 中的占比、第三产业产值在 GDP 中的占比。

资料来源：表 5-2。

但是第二产业发展不足，也会影响第三产业的发展，所以只有逐渐使三大产业结构趋于合理化、高级化，大力发展第三产业，确保第二产业和第一产业的基础地位，才能使广州经济快速发展，因此，广州产业结构所出现的第三产业快速发展以及第二、第一产业相对较慢发展是时代的要求，也是广州经济发展的结果。

综上所述，改革开放40年广州就业量和产业结构的变化在不同的经济态势下总体上基本保持一致的趋势——就业量在不断增加，产业结构也越来越趋于合理。

第二节　就业影响因素敏感性（弹性）分析

就业问题一直都是事关国计民生的大问题，就业问题能处理得当，就会有利于经济的发展，反之，对经济发展会有阻碍作用，甚至引起社会动荡。通过对广州改革开放40年就业量和产业结构的变化趋势进行分析可以知道，在1978~1996年和1997~2016年两个时段，广州市的总体就业量都呈现明显的增长趋势，而产业结构变化也表现出较好的趋势，但是各个时段的增长趋势还是有所差别的，并且在不同的时期，促进就业量增长的原因也是不同的。同时，GDP或三次产业对就业量的影响也不会一成不变，在不同的发展时期，三次产业的结构也会发生变化，而这些结构的变化也会对就业量造成一定程度的影响。

本节主要研究改革开放40年广州就业量影响因素敏感性。根据上文的分析，实际 GDP 与就业量之间存在明显的正相关关系，一个地区 GDP 的增加会有利于就业的改善，而 GDP 的减少也会影响当地的就业情况。因此，我们建立了如式（5-1）所示的模型，其中 Emp 表示广州市全社会从业人员数（以下简称就业人数），Y 表示广州市的实际 GDP，S_Y 表示广州市的产业结构，并且产业结构变量可以分解为第一产业在 GDP 中的占比、第二产业在 GDP

中的占比和第三产业在 GDP 中的占比，分别用 *PI*、*SI* 和 *TI* 表示，因此，式（5-1）可以转换为式（5-2）的四元模型。

$$Emp = f(Y, S_Y) \tag{5-1}$$

$$Emp = f(Y, PI, SI, TI) \tag{5-2}$$

和前几章一样，我们将广州改革开放 40 年的就业影响因素敏感性分析依据总供求经济态势分为 1978~1996 年和 1997~2016 年两个阶段分别进行，探讨在不同的经济态势下广州产业结构变动与就业量的逻辑与数量关系。

一 1978~1996年就业影响因素敏感性分析

变量的数据见表 5-1。我们先对表 5-1 数据取对数，然后做单位根检验和协整检验，检验结果见表 5-3 和表 5-4。

表 5-3 式（5-2）变量数据单位根检验

变量	差分次数	(C, T, K)	DW 值	ADF 值	1% 临界值	5% 临界值	10% 临界值	结论
ln*Emp*	1	($C, 0, 2$)	1.96	−3.44	−3.96	−3.08	−2.68	$I(1)$ **
ln*Y*	1	($C, 0, 3$)	1.87	−2.87	−3.89	−3.05	−2.67	$I(1)$ *
ln*PI*	1	($C, 0, 3$)	2.15	−3.46	−4.00	−3.10	−2.69	$I(1)$ **
ln*SI*	1	($0, 0, 1$)	1.87	−3.07	−2.72	−1.96	−1.61	$I(1)$ ***
ln*TI*	1	($0, 0, 1$)	1.91	−2.97	−2.72	−1.96	−1.61	$I(1)$ ***

说明：*** 表示变量差分后在 1% 的置信水平上通过 ADF 平稳性检验，** 表示变量差分后在 5% 的置信水平上通过 ADF 平稳性检验，* 表示变量差分后在 10% 的置信水平上通过 ADF 平稳性检验，下同。

表5-4　式（5-2）变量数据协整检验

原假设	迹统计量（P值）	5% 临界值	λ-max 统计量	5% 临界值
无协整关系	112.12（0.000）*	60.06	53.94（0.000）*	30.44
至少有 1 个协整关系	58.18（0.000）*	40.17	24.36（0.047）*	24.16
至少有 2 个协整关系	33.83（0.002）*	24.28	18.65（0.037）*	17.80
至少有 3 个协整关系	15.17（0.016）*	12.32	13.08（0.023）*	11.22
至少有 4 个协整关系	2.10（0.174）	4.13	2.10（0.174）	4.13

说明：* 表示在 5% 的显著性水平上拒绝了原假设，P 值为伴随概率，下同。

根据式（5-2），基于 1978~1996 年的数据，可以得出广州就业人数与产业结构变动的数量关系：

$$\ln Emp = 0.23\ln Y + 0.19\ln PI + 0.67\ln SI + 0.44\ln TI \qquad (5-3)$$

$$t_1 = 13.87 \quad t_2 = 4.52 \quad t_3 = 23.73 \quad t_4 = 13.91$$

$$R^2 = 0.99 \quad DW = 1.78$$

上述协整检验结果表明模型回归符合计量经济学的基本假设，并且拟合效果很好。根据实证结果式（5-3），在 1978 年至 1996 年期间，当其他条件不变时：广州实际 GDP 每变动 1%，广州就业人数就会同向变动 0.23%；第一产业产值在 GDP 中的占比每变动 1%，就业人数就会同向变动 0.19%；第二产业产值在 GDP 中的占比每变动 1%，就业人数就会同向变动 0.67%；第三产业产值在 GDP 中的占比每变动 1%，就业人数就会同向变动 0.44%。

在上述实证分析的基础上，我们需要弄清楚模型中各个解释变量的相对重要性，这就涉及 Beta 系数问题。我们首先观察 Beta 系数。由于所求出的结果式（5-3）的偏回归系数与变量的原有单位都有直接的联系，实际 GDP 和产业结构的单位不同，彼此不能直接比较，因此，我们将偏回归系数转换为

Beta 系数，其数值与测定变量时的单位无关，即是一个"纯数"，因此可以直接比较，用以确定计量模型中解释变量的相对重要性。其公式为：

$$\beta^*_j = \beta_j \times \frac{S_x}{S_y} = \beta_j \sqrt{\frac{\sum x_j^2}{\sum y^2}} \tag{5-4}$$

式（5-4）中，β^*_j 为第 j 个解释变量的 Beta 系数，β_j 为第 j 个解释变量的偏回归系数，S_x 为第 j 个解释变量的标准差，S_y 为被解释变量的标准差，x_j 为第 j 个解释变量的离差，y 为被解释变量的离差。

按照上述 Beta 系数的计算公式，计算的解释变量对被解释变量的重要性结果为：

$$\beta^*_Y = 1.22 \quad \beta^*_{PI} = 0.33 \quad \beta^*_{SI} = 0.47 \quad \beta^*_{TI} = 0.54$$

从中可以看出，广州实际 GDP 的变化对广州市就业量的影响最大，实际 GDP 每变动 1%，广州市的就业人数就会同向变动 1.22%。GDP 一直以来都是一个国家的经济表现，同时也反映了一国的国力和财力，对于广州市来说，也是同样的道理。广州市在改革开放后经济发展迅速，GDP 呈现明显的上升趋势，同时推动当地就业人数增加。并且，随着改革开放的深入，广州市政府的就业政策越来越完善，同样也会促进当地经济的发展，从而吸引越来越多的求职者。

从三次产业产值结构的变化对就业的影响来看，在 1978 年至 1996 年期间，第三产业对广州就业人数的影响是最大的，其次是第二产业，第一产业的影响是最小的。第一产业作为经济发展的基础产业，随着经济的发展，其对就业的拉动影响逐渐减弱是显而易见的，相对于第二产业和第三产业来说，其对经济发展的影响也是越来越弱的。如果将 β^*_{PI} 标准化为 1，则 β^*_{SI} =1.42，β^*_{TI} =1.64。Beta 系数表明各个解释变量对被解释变量的重要性，根据结果可以看出，第二产业对广州市就业量的重要性是第一产业重要性的

1.42倍，同时，第三产业对广州市就业量的重要性是第一产业重要性的1.64倍。从图5-4可以看出，改革开放后，广州市的第三产业得到快速发展，其产值在GDP中的占比不断上升，并且逐渐超过第二产业产值在GDP中的占比，第三产业对广州经济的发展扮演着越来越重要的角色。随着改革开放的深入，第三产业的作用也越来越强，其吸纳就业的能力也越来越强。另外，改革开放初期或者改革开放之前，广州的第二产业产值一直处于相对优势地位，当时第三产业可以算是新兴产业，一个新兴产业的出现和发展对当地就业的影响是极大的，并且，随着第三产业的进一步发展，其对劳动力的需求也越来越多，尤其是服务行业，吸纳劳动力的能力较其他行业更强。但是，1978~1996年，虽然广州第三产业逐渐发展并超过第二产业，但进度还是缓慢的，第二产业仍然占据着不容小觑的地位，其对就业的影响也发挥着不可忽视的作用。同样，从图5-4广州市的产业结构变化趋势可以看出，虽然第二产业产值在GDP中的占比出现下降趋势，但是基本上都稳定在40%以上，1978~1996年，其占比最低也为42.65%，可见，其对广州市就业量的拉动影响作用也是极其重要的。

二 1997~2016年就业影响因素敏感性分析

根据上文对1978~1996年广州就业量和产业结构的分析可以知道，广州市的就业量主要受到实际GDP、第二产业和第三产业的结构的影响，受第一产业产业结构变化影响较小。1997~2016年，政府更是大力发展第三产业，广州市第一产业产值在GDP中的占比越来越小，劳动力资源向第二产业和第三产业转移的速度逐渐加快，因此，在这段时期内，暂不考虑第一产业，主要考虑第二产业和第三产业结构变化对就业的影响。同时，根据上文的分析，GDP对广州就业人数的影响强度最大，并且，随着后几年广州经济发展越来越迅速，吸引了越来越多的就业人员，这都是与GDP总量的增长分不开的。因此，同样在实证过程中加入实际GDP这个解释变量。

变量的数据见表 5-2。我们先对式（5-2）数据取对数，然后做单位根检验和协整检验，检验结果见表 5-5 和表 5-6。

表 5-5　式（5-2）变量数据单位根检验

变量	差分次数	(C, T, K)	DW 值	ADF 值	1%临界值	5%临界值	10%临界值	结论
$\ln Emp$	2	$(0, 0, 2)$	2.11	−3.82	−2.73	−1.97	−1.61	$I(1)$ ***
$\ln Y$	2	$(0, 0, 1)$	1.81	−3.27	−2.72	−1.96	−1.61	$I(1)$ ***
$\ln SI$	2	$(0, 0, 1)$	1.87	−3.07	−2.72	−1.96	−1.61	$I(1)$ ***
$\ln TI$	2	$(0, 0, 1)$	1.99	−4.07	−2.72	−1.96	−1.61	$I(1)$ ***

表 5-6　式（5-2）变量数据协整检验

原假设	迹统计量（P 值）	5% 临界值	λ-max 统计量	5% 临界值
无协整关系	61.97（0.000）*	40.17	25.25（0.036）*	24.16
至少有 1 个协整关系	36.72（0.000）*	24.28	22.10（0.010）*	17.80
至少有 2 个协整关系	14.62（0.020）*	12.32	11.31（0.048）*	11.22
至少有 3 个协整关系	3.31（0.082）	4.13	3.31（0.082）	4.13

根据式（5-2），基于 1997~2016 年的数据，拟合广州就业量水平与产业结构变动的数量模型：

$$\ln Emp = -7.71 + 0.16\ln Y + 1.25\ln SI + 2.04\ln TI + 0.87AR（1）- 0.53AR（2）$$

$$t_1 = -2.39 \quad t_2 = 8.14 \quad t_3 = 3.77 \quad t_4 = 3.81 \quad t_5 = 3.07 \quad t_6 = -1.83 \qquad （5-5）$$

$$R^2 = 0.99 \quad F = 356.25 \quad DW = 1.95$$

从式（5-5）可以看出，在 1997 年至 2016 年期间，当其他条件不变时：广州 GDP 每变动 1%，广州就业人数就会同向变动 0.16%；第二产业产值在 GDP 中的占比每变动 1%，广州就业人数就会同向变动 1.25%；第三产业产值在 GDP 中的占比每变动 1%，广州就业人数就会同向变动 2.04%。

同样，因为实际 GDP 和产业结构变动的原有单位不一样，为了弄清楚各个解释变量的相对重要性，按照 Beta 系数的计算公式，计算的解释变量对被解释变量的重要性结果如下：β^*_Y=0.806，β^*_{SI}=0.627，β^*_{TI}=0.812，通过比较 Beta 系数可以得到，在 1997~2016 年这段时期内，第三产业产值在 GDP 中的占比对广州就业人数的变化影响最大，其次是实际 GDP 对就业人数的影响，最后是第二产业产值在 GDP 的占比对其的影响。

实际 GDP 对广州市就业人数的影响充分表现在经济的快速发展以及为就业者提供的就业机会上。1997 年，广州市的改革开放也已经经历了将近 20 年，虽然仍有不合理的或者急需解决的问题，但总的来说，改革开放进程越走越远，正在朝着更好的方向发展。结合图 5-9 的实际 GDP 走势，可以明显地看出，随着改革开放的深入，广州市 GDP 的增长接近"J"形增长，因此，快速增长的 GDP 对就业的拉动是十分明显的。就整个广东省而言，其经济发展较周围的省份，如湖南、江西、广西等而言速度是明显较快的，而广州市又是整个南方乃至全国的特大城市，因此，大批外来务工人员在此就业发展。

另外，产业结构的升级又会进一步促进就业的增加。随着改革开放的进一步深入，与经济发展不相适应的部分将被合理地改善或剔除。20 世纪末、

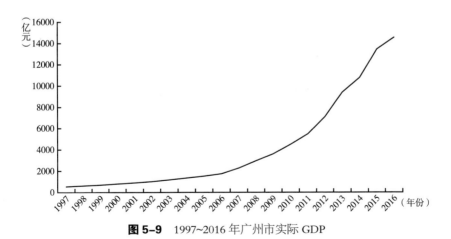

图 5-9　1997~2016 年广州市实际 GDP

资料来源：表 5-2。

21世纪初，我国整体经济水平有明显的提升，国家也越来越重视第三产业的发展，第三产业产值在全国范围内迅速攀升，其对就业的影响逐渐加强。迅速发展的第三产业提供了大量的工作岗位，并且随着其产值在GDP中的占比不断上升，其对就业人数的影响也越来越大。在第三产业迅速发展的同时，第二产业产值在GDP中的占比也占据着相当大的地位。从图5-8可以看出，虽然第二产业产值在GDP中的占比呈现递减的趋势，但是递减的速度越来越慢，说明第二产业的发展仍是经济发展的重要内容，因此，第二产业对就业人数的影响也是相当大的。

通过对1978~1996年和1997~2016年两个时期就业量和产业结构的逻辑关系进行分析可以知道，1978~1996年，广州的就业量主要靠实际GDP和第三产业产值在GDP中的占比拉动，并且从实证结果可以看出，GDP拉动就业量的力度大约是第三产业在GDP中的占比的两倍多，第三产业和第二产业的拉动力度区别较小，这表明在这个时段内产业结构的合理化程度还有待完善，主要还是依靠GDP带动就业。而在1997~2016年，虽然实际GDP对广州就业人数的影响仍然较大，但是已渐渐被第三产业产值在GDP中的占比反超，另外，第三产业产值在GDP中的占比对就业量的影响也逐渐与第二产业产值在GDP中的占比对就业量的影响拉开差距，说明第三产业在经济生活中的地位日益上升，对广州市的经济发展发挥着日益重要的作用。总的来说，就业量主要是受到产业结构变化的影响，尤以第三产业为主。同时可以看出，随着经济的快速发展和技术的进步，不同产业的收益率出现差距，为了实现产业收益的平衡，能源和生产要素逐步由第一产业向第二产业和第三产业转移，相应地，劳动力资源也从第一产业向第二产业和第三产业转移。因此，产业结构的逐渐合理化带动了就业量的变化。

综上所述，虽然在1978~1996年和1997~2016年两个时期产业结构对就业量的影响都发挥着重要的作用，但是发生作用的机制还是有区别的，并且在不同时期发生作用的程度也有所差别。

第三节　与全国就业变动趋势比较分析

在改革开放 40 年的历程中，广州凭借着政策优势以及经济地理的优越条件，产业结构逐渐朝着合理化方向发展，并且在产业结构合理化进程中，吸纳劳动力的程度是不一样的。从广州转向全国范围，中国在改革开放的政策下，其产业结构也不可避免地发生着变化，同时，产业结构的变化也会导致全国就业人数的变化。但是，全国范围内的产业结构变化所导致的就业人数变化是否与广州市的变化相同，就需要进一步的实证分析。因此，本节将广州的产业结构变动与就业量的变化趋势以及逻辑关系和全国的产业结构变动与就业量的变化趋势以及逻辑关系进行对比分析，以对广州的产业结构和就业量之间的逻辑关系有更进一步的认识。

为了能更好地与广州就业变动趋势进行比较，将全国范围内的就业变动趋势根据总供求态势分为两个时间段：1978~1996 年和 1997~2016 年。

一　全国就业量变动趋势以及与广州就业变动趋势的比较

1. 1978~1996年广州与全国就业量变动趋势

我们用表 5-7 和表 5-1 的数据制成图 5-10，从中可以观察到，1978~1996 年，全国范围内的就业量总体保持增长趋势，增长率达到 71.72%。1978~1989 年就业人数增长相对较慢，1990 年，全国就业人数出现大幅增长，增长率达到 17.03%，是前一年增长率 1.83% 的 9.3 倍。1990 年全国就业人数发生如此大的变化，主要是因为 1990 年国家大量增加投资。国家统计局资料显示，1990 年全国范围的投资与 1989 年相比增加了 2.42%[①]，这些增加

---

① 资料来源见"国家统计局——全社会固定资产投资"，网址：http://data.stats.gov.cn/easyquery.htm?cn=C01&zb=A060A&sj=2016。

的投资对就业量的影响是十分显著的。同时，外商直接投资也在慢慢恢复，这也对我国就业人数的增加发挥了重要的作用。另外，随着国家宏观经济政策的转向，如户籍制度的逐渐开放，也带来了大量的就业人员。总体来看，1978~1996年，全国就业人数呈现明显的递增趋势。

表5-7 1978~1996年全国就业量和就业增长率

年份	Emp（万人）	就业增长率（%）
1978	40152	1.97
1979	41024	2.17
1980	42361	3.26
1981	43725	3.22
1982	45295	3.59
1983	46436	2.52
1984	48197	3.79
1985	49873	3.48
1986	51282	2.83
1987	52783	2.93
1988	54334	2.94
1989	55329	1.83
1990	64749	17.03
1991	65491	1.15
1992	66152	1.01
1993	66808	0.99
1994	67455	0.97
1995	68065	0.90
1996	68950	1.30

资料来源："就业人数"数据见国家统计局的"年度数据——就业人员和工资"栏目，网址：http：//data.stats.gov.cn/easyquery.htm?cn=C01&zb=A0201&sj=2016。

与广州的就业人数进行比较可以得出，1978~1996年，广州的整体就业人数与全国范围的就业人数增长趋势是一致的，并且都在1989~1990年前后出现了较大的变化；但是全国的就业增长情况相对较稳定，而广州市的就业增长量出现的波动较多，这点可以更直观地从图5-11中看出来。在图5-11中，1979~1989年，全国的就业增长率基本上是高于广州的就业增长率的，并且，全国的就业增长率相对于广州来说，起伏较小。1989年之后，全国的就业增长率除了1990年出现大起伏之外，1991~1996年基本保持稳定，而广州的就业人

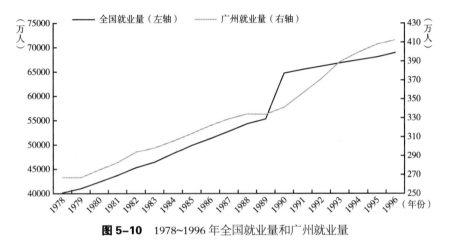

图5-10　1978~1996年全国就业量和广州就业量

资料来源：表5-1和表5-7。

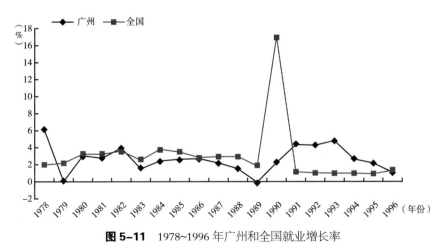

图5-11　1978~1996年广州和全国就业增长率

资料来源：表5-1和表5-7。

数增长率在1989年之后是先增长后下降的，波动幅度相对来说也比较大。

2. 1997~2016年广州与全国就业量变动趋势比较

表5-8表明，1997~2016年，全国的就业人数总体上呈现递增的趋势，但总就业人数的增长幅度是逐渐减小的。随着我国经济的快速发展，为就业者提供了越来越多的就业机会和工作岗位，加上大量农村剩余劳动力的解放，总就业人数呈现增长趋势。但随着就业人数的增加，就业人数也慢慢达到饱和状态，逐渐向充分就业靠拢，并且，就业人数的供给总是大于职业岗位的需求，当工作岗位达到一定程度时，就业人数的增加就会变慢。因此，我国每年就业人数虽然在增加，但是与前期相比，增长的幅度有所下降。

表5-8 1997~2016年全国就业量和就业增长率

年份	Emp（万人）	就业增长率（%）
1997	69820	1.26
1998	70637	1.17
1999	71394	1.07
2000	72085	0.97
2001	72797	0.99
2002	73280	0.66
2003	73736	0.62
2004	74264	0.72
2005	74647	0.52
2006	74978	0.44
2007	75321	0.46
2008	75564	0.32
2009	75828	0.35

续表

年份	*Emp*（万人）	就业增长率（%）
2010	76105	0.37
2011	76420	0.41
2012	76704	0.37
2013	76977	0.36
201	77253	0.36
2015	77451	0.26
2016	77603	0.20

资料来源："就业人数"数据见国家统计局的"年度数据——就业人员和工资"栏目，网址：http://data.stats.gov.cn/easyquery.htm?cn=C01&zb=A0201&sj=2016。

同样，将全国就业变化趋势与广州就业变化趋势进行比较分析。从图5-12可以看出，广州就业量和全国一样都呈现递增趋势，但是广州就业趋势线与全国就业趋势线相比更陡峭，并且没有明显的增长幅度下降的趋势；另外，与1978~1996年相似，广州的就业量变动趋势跟全国就业量变动趋势相比，前者波动幅度更大。另外，再结合图5-13可以发现，广州的就业增长率基本上高于全国的就业增长率，而且全国的就业增长率基本上保持相对稳定，而广州的就业增长率却起起伏伏，不同年份之间会有较大的差距。除了1999年、2001~2002年和2012~2013年广州与全国的就业增长率相差较小外，其余年份都有明显的差距，尤其是2000年，广州的就业增长率达到9.09%，而全国的就业增长率只有0.97%。

综上所述，广州的就业变动总体趋势在1978~1996年和1997~2016年基本上与全国就业总趋势一致，都呈现明显的递增趋势；但是，广州就业增长率在1978~1996年较全国就业增长率来说幅度较小，而1997~2016年，广州的就业增长率超过全国就业增长率，这可以表明广州的就业人数增长波动较大，而全国相对来说较为稳定。

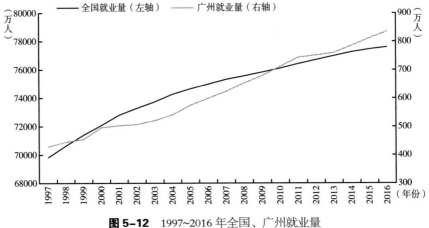

图 5-12 1997~2016 年全国、广州就业量

资料来源：表 5-2 和表 5-8。

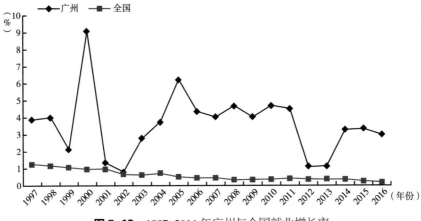

图 5-13 1997~2016 年广州与全国就业增长率

资料来源：表 5-2 和表 5-8。

二 就业量影响因素敏感性（弹性）分析

在前面的分析中，我们将广州的就业人数变动趋势与全国的就业人数变动趋势进行了对比分析，总结了两者变动趋势的异同点。根据前文的讨

论，广州的就业量受到 GDP 和产业结构的影响，并且在 1978~1996 年和 1997~2016 年两个时期的影响程度是不一样的。因此，为了更好地将广州的就业人数与全国就业人数进行全面的分析，在此对全国的就业人数和产业结构变动进行逻辑和数量关系的分析。与分析广州就业影响因素敏感性一样，仍将全国数据分为两个时期，一是 1978~1996 年；二是 1997~2016 年，分析在这两个时期内就业影响因素敏感性与广州是相似的还是存在很大的不同。

同样，我们建立模型，见式（5-6）。其中 *Emp* 表示全国的就业人数；*Y* 表示 GDP，用实际 GDP 数据代替；*PI*、*SI* 和 *TI* 分别表示第一产业产值在 GDP 中的占比、第二产业产值在 GDP 中的占比和第三产业产值在 GDP 中的占比。

$$Emp=f（Y，PI，SI，TI） \tag{5-6}$$

1. 1978~1996年就业量影响因素分析

变量的数据见表 5-7 和表 5-9，我们先根据实际情况对部分数据取对数，然后做单位根检验和协整检验，检验结果见表 5-10 和表 5-11。

表 5-9 1978~1996 年全国实际 GDP 和产业结构

年份	Y（亿元）	PI（%）	SI（%）	TI（%）
1978	3678.70	27.7	47.7	24.6
1979	3958.28	30.7	47.0	22.3
1980	4267.29	29.6	48.1	22.3
1981	4488.01	31.3	46.0	22.7
1982	4888.99	32.8	44.6	22.6
1983	5418.73	32.6	44.2	23.2
1984	6239.08	31.5	42.9	25.5
1985	7077.82	27.9	42.7	29.4
1986	7710.56	26.6	43.5	29.8
1987	8611.84	26.3	43.3	30.4
1988	9579.33	25.2	43.5	31.2

年份	Y（亿元）	PI（%）	SI（%）	TI（%）
1989	9980.31	24.6	42.5	32.9
1990	10370.26	26.6	41.0	32.4
1991	11334.07	24.0	41.5	34.5
1992	12945.35	21.3	43.1	35.6
1993	14740.55	19.3	46.2	34.5
1994	16664.51	19.5	46.2	34.4
1995	18489.15	19.6	46.8	33.7
1996	20324.82	19.3	47.1	33.6

资料来源：①"实际 GDP"数据根据名义 GDP 和 GDP 指数计算得来，原始数据见国家统计局"年度数据——国民经济核算——国内生产总值和国内生产总值指数——国内生产总值指数（1978年 =100）"栏目，网址：http：//data.stats.gov.cn/easyquery.htm?cn=C01&zb=A0201&sj=2016；②"三次产业产业结构"的数据见国家统计局"年度数据——国民经济核算——三次产业构成"栏目，网址：http：//data.stats.gov.cn/easyquery.htm?cn=C01&zb=A0201&sj=2016。

表 5-10 式（5-6）变量数据单位根检验

变量	差分次数	(C, T, K)	DW 值	ADF 值	1% 临界值	5% 临界值	10% 临界值	结论
ln*Emp*	1	(c, 0, 1)	1.99	−2.78	−3.92	−3.07	−2.67	$I(1)^{*}$
ln*Y*	1	(c, 0, 1)	1.89	−3.13	−3.92	−3.07	−2.67	$I(1)^{**}$
ln*PI*	1	(0, 0, 2)	2.03	−1.90	−2.73	−1.97	−1.61	$I(1)^{*}$
ln*SI*	1	(c, n, 1)	1.87	−3.56	−4.67	−3.73	−3.31	$I(1)^{*}$
ln*TI*	1	(0, 0, 1)	2.03	−2.00	−2.72	−1.96	−1.61	$I(1)^{**}$

表 5-11 式（5-6）变量数据协整检验

原假设	迹统计量（P 值）	5% 临界值	λ-max 统计量	5% 临界值
无协整关系	104.48（0.000）*	60.06	45.48（0.000）*	30.44
至少有 1 个协整关系	58.60（0.000）*	40.17	36.04（0.000）*	24.16
至少有 2 个协整关系	22.96（0.073）	24.28	16.28（0.083）	17.80
至少有 3 个协整关系	6.68（0.358）	12.32	6.37（0.309）	11.22
至少有 4 个协整关系	0.31（0.641）	4.13	0.31（0.641）	4.13

根据式（5-6），基于1978~1996 年的数据，我们可得到如下的计量结果，见式（5-7）。

$$\ln Emp = -7.57 + 0.38\ln Y + 1.23\ln PI + 1.74\ln SI + 1.33\ln TI$$

$t_1 = -2.28 \quad t_2 = 14.24 \quad t_3 = 5.57 \quad t_4 = 3.37 \quad t_5 = 5.02$　　　　（5-7）

$R^2 = 0.99 \quad F = 1713.33 \quad DW = 1.98$

实证结果表明，1978~1996 年，在其他条件不变的情况下，全国实际 GDP 每变动 1%，全国的就业人数就会同向变动 0.38%；第一产业产值在 GDP 中的占比每变动 1%，全国的就业人数就会同向变动 1.23%；第二产业产值在 GDP 中的占比每变动 1%，全国的就业人数就会同向变动 1.74%；第三产业产值在 GDP 中的占比每变动 1%，全国的就业人数就会同向变动 1.33%。

同样，为了弄清楚模型中各个解释变量的相对重要性，我们根据 Beta 系数公式，求出各个解释变量的 Beta 系数。结果为：$\beta^*_Y = 1.07$；$\beta^*_{PI} = 1.19$；$\beta^*_{SI} = 0.44$；$\beta^*_{TI} = 1.23$。可以看出，1978~1996 年，全国就业人数主要靠第三产业产值在 GDP 中的占比和第一产业产值在 GDP 中的占比拉动，而第二产业拉动较少。究其原因，我国一直以来都是农业大国，在改革开放初期，农业在全国仍然占据着重要地位，并且农业在这段时期内也占据国民经济的很大一部分，而农业相对于其他产业的相同投入来说收益又是较少的，需要投入大量的人力、物力、财力才能获得可观的收益，因此，第一产业产值在 GDP 中的占比每上升 1%，其增加的就业都是很显著的。就第三产业而言，第三产业的发展，需要大量的工作人员，并且由于我国第三产业的发展起步较晚，国家对其发展提供了大量的帮助，吸引了大量的就业人员，使第三产业产值快速增长，较高的产值又会带动更多的就业。

与广州进行比较可以发现，广州在 1978~1996 年就业量的拉动主要依靠 GDP 和第三产业产值在 GDP 中的占比，第一产业和第二产业拉动就业相对较少。这表明广州的就业量影响因素敏感性和全国的有很大程度的不同。广州作为改革开放的先锋城市，其经济发展水平会普遍高于其他城市，而就全国范围而言，在 20 世纪 70~90 年代，我国整体经济发展水平还不高，东西部地区经济发展差距明显，并且我国一直都是以农业大国立足，而当时的工业发展水平也不高，因此，对就业量的影响与广州相比会出现较大的差异。

2. 1997~2016 年就业量影响因素分析

对广州 1997~2016 年就业量的影响因素进行分析时，根据 1978~1996 年第一产业产值在 GDP 中的占比对就业影响较小的情况，剔除第一产业产值在 GDP 中的占比。但是对全国而言，第一产业一直占据着很大的份额，并且根据对 1978~1996 年全国就业量影响因素的分析知道，第一产业产值在 GDP 中的占比对就业的影响非常显著，因此，在分析全国 1997~2016 年就业量的影响因素时仍然采用式（5-6）。1997~2016 年全国实际 GDP 和产业结构见表 5-12。

表 5-12 1997~2016 年全国实际 GDP 和产业结构

年份	Y（亿元）	PI（%）	SI（%）	TI（%）
1997	22200.95	17.9	47.1	35.0
1998	23940.98	17.2	45.8	37.0
1999	25776.65	16.1	45.4	38.6
2000	27965.48	14.7	45.5	39.8
2001	30297.77	14.0	44.8	41.2
2002	33064.16	13.3	44.5	42.2
2003	36382.34	12.3	45.6	42.0
2004	40061.04	12.9	45.9	41.2
2005	44626.31	11.6	47.0	41.3
2006	50302.54	10.6	47.6	41.8
2007	57461.29	10.3	46.9	42.9
2008	63008.77	10.3	46.9	42.8

续表

年份	Y（亿元）	PI（%）	SI（%）	TI（%）
2009	68931.48	9.8	45.9	44.3
2010	76263.13	9.5	46.4	44.1
2011	83535.92	9.4	46.4	44.2
2012	90098.72	9.4	45.3	45.3
2013	97088.25	9.3	44.0	46.7
201	104173.43	9.1	43.1	47.8
2015	111361.61	8.8	40.9	50.2
2016	118844.08	8.6	39.9	51.6

资料来源：①"实际GDP"的数据根据名义GDP和GDP指数计算，原始数据见国家统计局的"年度数据——国民经济核算——国内生产总值和国内生产总值指数——国内生产总值指数（1978年=100）"栏目，网址：http://data.stats.gov.cn/easyquery.htm?cn=C01&zb=A0201&sj=2016；②"三次产业产业结构"的数据见国家统计局的"年度数据——国民经济核算——三次产业构成"栏目，网址：http://data.stats.gov.cn/easyquery.htm?cn=C01&zb=A0201&sj=2016。

和前面的处理一样，在用表5-8和表5-12的数据进行拟合数量模型之前，先根据实际需求，对数据进行对数化处理，然后对数据做单位根检验和协整检验，检验结果见表5-13和表5-14。

表5-13　式（5-6）变量数据单位根检验

变量	差分次数	(C, T, K)	DW值	ADF值	1%临界值	5%临界值	10%临界值	结论
lnEmp	2	$(0, 0, 1)$	2.01	−2.64	−2.72	−1.96	−1.61	$I(1)$ **
ln$Y$	2	$(0, 0, 1)$	1.91	−3.51	−2.72	−1.96	−1.61	$I(1)$ ***
lnPI	2	$(0, 0, 2)$	2.14	−4.30	−2.73	−1.97	−1.61	$I(1)$ ***
lnSI	2	$(0, 0, 1)$	1.84	−4.33	−2.72	−1.96	−1.61	$I(1)$ ***
lnTI	2	$(0, 0, 1)$	2.00	−3.45	−2.72	−1.96	−1.61	$I(1)$ ***

表 5–14 式（5–6）变量数据协整检验

原假设	迹统计量（P 值）	5% 临界值	λ-max 统计量	5% 临界值
无协整关系	94.68（0.000）*	60.06	35.16（0.012）*	30.44
至少有 1 个协整关系	59.52（0.000）*	40.17	26.70（0.022）*	24.16
至少有 2 个协整关系	32.82（0.003）*	24.28	21.60（0.013）*	17.80
至少有 3 个协整关系	11.22（0.076）	12.32	10.55（0.066）	11.22
至少有 4 个协整关系	0.67（0.472）	4.13	0.67（0.472）	4.13

根据式（5-6），基于 1997~2016 年的数据，我们可得到如下的计量结果，见式（5-8）。

$$\ln Emp = 0.1\ln Y + 0.45\ln PI + 1.18\ln SI + 1.22\ln TI$$

$$t_1 = 4.85 \quad t_2 = 26.45 \quad t_3 = 17.54 \quad t_4 = 48.00 \tag{5-8}$$

$$R^2 = 0.99 \quad DW = 2.24$$

根据式（5-8），在其他条件不变时，1997~2016 年，实际 GDP 每变动 1%，全国的就业人数就会同向变动 0.1%；第一产业产值在 GDP 中的占比每变动 1%，全国的就业人数就会同向变动 0.45%；第二产业产值在 GDP 中的占比每变动 1%，全国的就业人数就会同向变动 1.18%；第三产业产值在 GDP 中的占比每变动 1%，全国的就业人数就会同向变动 1.22%。同样，求出各个解释变量的 Beta 系数来对其相对重要性进行比较。Beta 系数的计算结果为：$\beta_Y^* = 1.75$，$\beta_{PI}^* = 3.33$，$\beta_{SI}^* = 1.7$，$\beta_{TI}^* = 3.64$。

根据 Beta 系数可以知道，1997~2016 年，全国的就业量拉动还是主要依靠第三产业产值在 GDP 中的占比和第一产业产值在 GDP 中的占比，总体上与 1978~1996 年相同；但是不同的是，1997~2016 年，第二产业虽然拉动效果仍然较小，但是与 GDP 的差距减小了，说明我国的第二产业发展越来越快，对就业量的影响作用越来越大。到 21 世纪，我国第三产业得到快速发展，并且经济实力也显著增强，其对全国就业量的拉动作用表现更抢眼。

根据上文对广州就业量影响因素的分析，1997~2016 年，广州就业量主要受第三产业产值在 GDP 中的占比及实际 GDP 的影响，与全国就业量的影响因素还是存在差别的。虽然从全国而言第一产业产值在 GDP 中的占比的影响很大，但是广州和全国的就业量最主要的都是靠第三产业产值在 GDP 中的占比拉动的。

第四节　本章结论

改革开放以来，广州产业结构经历了重大的变革，在不同产业占优势的时期，经济体吸纳劳动力的能力是不同的。通过前文的分析，可以得出，广州就业量的变动受产业结构影响明显，并且第三产业产值在 GDP 中的占比对就业量的影响尤为显著。但是仍然可以看出，广州的就业量影响因素在 1978~1996 年和 1997~2016 年是有差异的，例如，在 1978~1996 年，实际 GDP 的影响更为强烈，而在 1997~2016 年，第三产业产值在 GDP 中的占比更占优势。针对广州就业影响因素的分析，大力发展第三产业，保证其在 GDP 中的占比处于较高的稳定水平，对促进广州的就业有着重要的作用。但是在发展第三产业的同时，也要保证基础产业的发展，不能盲目地过度发展某一产业，因为这也会造成经济的紊乱。

另外，通过与全国的就业趋势进行比较，我们得出广州与全国的就业总趋势基本上是一致的。但是由于广州相对于全国范围来说只是一个很小的区域，受经济活动的影响就会更加明显，因此，广州的就业量在 1978~1996 年和 1997~2016 年总体上看波动起伏更大，有的年份增长率也出现了大起大落的情况，而全国的总就业量总体表现更加平稳。

第六章　改革开放40年广州投资流量与资本存量

　　资本存量是总供给的基础，是总产出的生产工具，既是一个国家或地区经济实力的象征，又是国防实力的保障。在经济学研究层面，资本存量是计算经济增长率和全要素生产率的基础。自1978年实施改革开放政策以来，广州市经济发展取得了显著的成就，科学估算广州市近40年的资本存量数据，可以进一步研究投资和资本存量在广州市经济发展中所发挥的作用。

第一节　文献综述

　　本书的资本存量指的是狭义的资本存量，即物质资本存量。计算资本存量不仅可以采用实际数据统计的方法，也可以采用逻辑推理的方法。王维等（2017）认为，直接调查的方法不仅工作量大而且成本高，并且估算结果的偏差也会加大，因此，不采用直接统计的方法计算资本存量。目前估计资本存量最常用的方法是Goldsmith（1951）提出的永续盘存法，即当期的资本存量等于前一期扣除折旧后的资本存量与当期新增投资的和。永续盘存法的计算公式为：

$$K_t = K_{t-1}(\delta_t) + I_t \qquad\qquad (6-1)$$

其中 K_t 为第 t 年的资本存量，K_{t-1} 为第 $t-1$ 年的资本存量，δ_t 为第 t 年的折旧率，I_t 为第 t 年的新增投资额。

从现有的估算资本存量的研究来看，利用永续盘存法进行中国资本存量估算的研究最多，其中比较有代表性的研究有：Chow（1993）、张军和章元（2003）、单豪杰（2008）、李宾（2011）、林仁文和杨熠（2013）、陈昌兵（2014）、王维等（2017）。另外，张军等（2004）、贾润崧和张四灿（2014）对中国各省份进行了资本存量的估算，柯善咨和向娟（2012）对中国主要地级市进行了资本存量的估算。对某个具体城市的资本存量进行估算的研究比较少，廖远甦（2009）、王桂新和陈冠春（2009）估算了上海市的资本存量，薛占栋（2011）估算了深圳市的资本存量。

以上这些研究虽然理论基础都是永续盘存法，但是在细节处理上有所差异，主要有以下几种。

Chow（1993）的计算公式为：

$$K_t = K_{t-1} + NI_t \tag{6-2}$$

其中 NI_t 为第 t 年的净投资。

柯善咨和向娟（2012）的计算公式为：

$$K_t = K_{t-1}（1-\delta_t）+（I_t+I_{t-1}+I_{t-2}）/3 \tag{6-3}$$

王维等（2017）的计算公式为：

$$K_t = K_{t-1}（1-\delta_t）+I_t/P_t \tag{6-4}$$

其中 P_t 为定基价格指数。

正是在细节处理上的不同，使得当前对于同一个地区资本存量估计的结果也不相同，本书依据王维等（2017）的计算公式，选取投资、折旧率、基期资本存量和定基价格指数这四个变量的数据，试图估算出 1978~2016 年广州市的资本存量，从而丰富对单个城市资本存量估算的研究，以及为广州市改革开放 40 年经济增长的其他研究提供基础数据。

第二节　投资的影响因素

资本是一个存量，是由投资流量累积形成的，投资流量是影响资本存量变化最重要的因素。因此，在估算广州市资本存量之前，首先要分析投资的变化。由于本书在利用永续盘存法估算广州市的资本存量时，其中新增投资要扣除价格变化因素，因此考虑用固定资本形成总额或固定资产投资额来表示投资。固定资本形成总额指常住单位在一定时期内购置、转入和自产自用的固定资产；固定资产投资额表示对新构建资产和原有资产的投资。观察现有的研究发现，这两种投资指标都曾经被学者采用。张军等（2004）认为固定资本形成总额与联合国国民经济核算体系（SNA）相容，因此固定资本形成总额是衡量当年投资的合理指标。单豪杰（2008）也认为，由于固定资本形成总额扣除了固定资产投资额中的住房投资与非生产性投资，因而可以更准确地估算资本存量。柯善咨和向娟（2012）认为资本存量是不同役龄的资本品的加权，因此，永续盘存法中的投资应是固定资产投资。

在查阅相关资料后发现，广州市固定资本形成总额的数据是从 1993 年才有记录，而本书要估计的是 1978~2016 年的资本存量，缺少 1978~1992 年的数据显然会影响资本存量估算的准确性。表 6-1 为 1978~2016 年广州市固定资本形成总额和广州市固定资产投资额的数据。由图 6-1 可以看出，1993~2004 年，广州市固定资本形成总额和广州市固定资产投资额各点之间的连线几乎重合。从 2005 年到 2010 年，二者之间的差距很小。2011 年之后，虽然广州市固定资本形成总额和广州市固定资产投资额之间有所差距，但是差距依然不大。因此，在广州市固定资本形成总额的数据不齐全的情况下，用固定资产投资额的数据表示投资流量是可行的。

表6-1 广州市固定资本形成总额和固定资产投资额

单位：亿元

年份	固定资本形成总额（亿元）	固定资产投资额（亿元）	年份	固定资本形成总额（亿元）	固定资产投资额（亿元）	年份	固定资本形成总额（亿元）	固定资产投资额（亿元）
1978		7.26	1991		103.74	2004	1469.05	1348.93
1979		7.43	1992		188.14	2005	1637.83	1519.16
1980		9.96	1993	373.64	373.40	2006	1889.68	1696.38
1981		13.63	1994	525.71	525.71	2007	2161.3	1863.34
1982		21.01	1995	628.73	618.25	2008	2415.1	2105.54
1983		22.89	1996	665.12	638.94	2009	2785.79	2659.85
1984		29.92	1997	675.75	656.58	2010	3336.49	3263.57
1985		43.62	1998	794.68	758.83	2011	3803.36	3412.20
1986		52.48	1999	901.55	878.26	2012	4466.52	3758.39
1987		58.41	2000	971.67	923.67	2013	4811.03	4454.55
1988		90.22	2001	1029.58	978.21	2014	5767.08	4889.50
1989		93.33	2002	1081.41	1009.24	2015	6086.7	5405.95
1990		90.59	2003	1199.8	1175.17	2016	6647.94	5703.59

资料来源：①"固定资本形成总额"数据见《广州统计年鉴》第一篇综合——1-18总投资——固定资本形成总额；②"固定资产投资额"数据见广州统计信息网"广州50年——第四篇——全社会固定资产投资额"栏目及"统计年鉴2017——第四篇——4-2主要年份固定资产投资额（按经济类型分）"，网址为：http://210.72.4.52/gzStat1/chaxun/njsj.jsp。

在不同的发展阶段，经济运行有不同的前提条件，因此，对于投资流量的变化，应该结合其所处的发展阶段来进行分析。刘巍（2010）认为1996年是中国由供给约束型经济态势向需求约束型经济态势转变的转折点。虽然广州市的经济增长在中国一直处于领先地位，但是经济态势转变是一个发展的过程，所以可以认为广州市经济态势转变与中国的经济态势转变

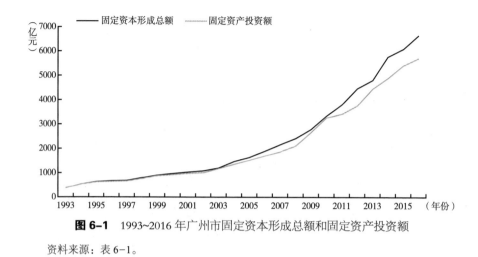

图 6-1 1993~2016 年广州市固定资本形成总额和固定资产投资额

资料来源：表 6-1。

是一致的，即 1978~1996 年为供给约束型经济态势，1997~2016 年为需求约束型经济态势。

一 供给约束型经济态势下投资的变化

在供给约束型经济态势中，由于资源短缺和社会的生产能力有限，社会总供给不能满足社会潜在总需求的需要。即使社会上存在对更多产品的需求，但是投资不足使得社会生产依然不能满足需求，社会总供给远小于潜在需求。供给约束型经济是一种短缺经济。在供给约束型经济态势下，广州市固定资产投资额的变化如图 6-2 所示。

根据图 6-2 的走势进行分析，1978~1996 年，广州市固定资产投资额整体呈上升趋势，其中 1992~1996 年广州市固定资产投资额的增长速度明显快于 1978~1991 年的增长速度。1978~1988 年是改革开放后的前十年，由于广州市的经济发展正处于探索的过程中，因此，固定资产投资额虽然有所增加，但是增长速度缓慢。1988~1991 年，由于广州市国有企业数量多、比重大，因而其受计划经济的影响也大，广州市的经济发展步入比较困难的阶段，在此期间广州市固定资产投资额基本上没有增长。而且，到 1990 年，随着广州市财政收入上交

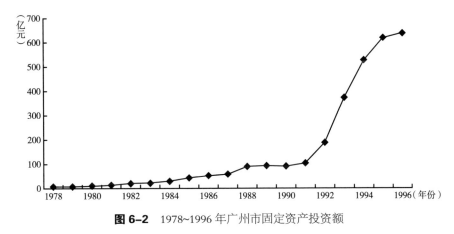

图 6-2　1978~1996 年广州市固定资产投资额

资料来源：表 6-1。

比例达到60%[①]，财政上的负担使得这一年广州市的固定资产投资额还出现了下降。1992 年中共十四大提出建立社会主义市场经济体制之后，广州市作为中国第一批对外开放的城市，固定资产投资额开始迅速增长。仅 1992 年到 1993 年的固定资产投资额就接近改革开放后前 13 年的固定资产投资总额。

在供给约束型经济中，广州市经济基础薄弱，投资的资本品主要是从国外进口的机械设备，资本金主要来源于城乡居民储蓄，因此，进口商品总额和城乡居民储蓄存款余额是影响投资的两个主要因素，其具体情况见表 6-2。生产能力和可用资本的不足制约了投资的增长。尽管 1992 年之后，广州市固定资产投资额开始了快速的增长，但是与需求约束型经济下投资总量的变化相比，供给约束型经济下投资总量的变化很小。如图 6-3 所示，广州市固定资产投资额和进口商品总额、城乡居民储蓄存款余额的走势基本上是一致的。1978~1991 年，三者增长缓慢，因为在改革开放初期，广州市经济总量比较低，因此投资、进口和储蓄的变化不大。1992~1996 年，随着市场经济体制的逐渐建立，广州市固定资产投资额、进口商品总额、城乡居民储蓄存款余额迅速增长。

---

① 中共广州市委党史研究室编《亲历改革开放》，广州出版社，2008，第 32~33 页。

表6-2 供给约束型经济态势下广州市进口和储蓄情况

年份	进口商品总额（亿元）	城乡居民储蓄存款余额（亿元）	年份	进口商品总额（亿元）	城乡居民储蓄存款余额（亿元）
1978	0.04	5.67	1988	25.92	94.37
1979	0.02	7.09	1989	22.71	130.01
1980	0.03	9.60	1990	32.12	181.14
1981	0.19	13.06	1991	62.75	245.91
1982	0.40	16.75	1992	96.33	340.12
1983	0.61	21.62	1993	143.19	448.74
1984	0.95	28.34	1994	242.52	653.80
1985	3.52	39.86	1995	287.06	961.48
1986	7.91	54.16	1996	330.09	1296.22
1987	20.04	74.85			

资料来源：① 1978~1990 年"进口商品总额"的数据见《广州外贸史》（下），1991~1996 年的数据根据②计算得到。②吴智文、丘传英主编《广州现代经济史》，广东人民出版社，2001，第 430~431 页，附录十五：《广州市 1952~2000 年外贸进口增长一览表》。③ "城乡居民储蓄存款余额"的数据见广州统计信息网"广州 50 年——第一篇、第六篇、第七篇"，网址为：http://210.72.4.52/gzStat1/chaxun/njsj.jsp。

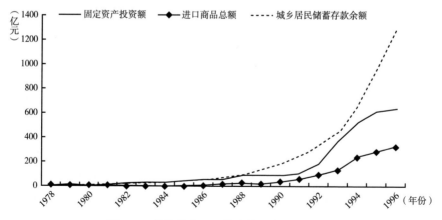

图6-3 供给约束型经济态势下广州市投资、

进口和储蓄情况

资料来源：表6-2。

因此，1978~1996年广州市的投资可由式（6-5）给出。

$$I=f（IM, SAVE）\qquad（6-5）$$

式（6-5）中，I 表示广州市固定资产投资额，IM 表示广州市进口商品总额，$SAVE$ 表示广州市城乡居民储蓄存款余额。假设模型是线性的，固定资产投资额受进口商品总额当年的增加额以及城乡居民储蓄存款余额当年的增加额的影响，则有：

$$I_t=\alpha_1 \Delta IM_t+\alpha_2 \Delta SAVE_t+u_t\qquad（6-6）$$

其中 ΔIM 为进口商品总额当年的增加额，$\Delta SAVE$ 为城乡居民储蓄存款余额当年的增加额，对变量做单位根和协整检验，见表6-3、表6-4。

表6-3　式（6-6）变量的ADF单位根检验结果

变量	差分次数	(C, T, K)	DW	ADF	1%临界值	5%临界值	10%临界值	结论
I	1	$(0, 0, 1)$	1.88	-2.45	-2.72	-1.96	-1.61	$I(1)$ **
ΔIM	2	$(0, 0, 2)$	1.94	-2.28	-2.75	-1.97	-1.60	$I(2)$ **
$\Delta SAVE$	2	$(0, 0, 1)$	1.89	-4.10	-2.74	-1.97	-1.60	$I(2)$ ***

注：***、** 分别表示估计参数在1%、5%水平上显著。

表6-4　式（6-6）变量的协整检验结果

原假设	迹统计量（P值）	5%临界值	λ-max 统计量	5%临界值
无协整关系	60.87（0.00）*	24.28	47.38（0.00）*	17.80
至少有1个协整关系	13.49（0.03）*	12.32	13.34（0.02）*	11.22
至少有2个协整关系	0.15（0.75）*	4.13	0.15（0.75）*	4.13

注：* 表示在5%的显著性水平下拒绝了原假设，P值为伴随概率。

根据式（6-6），基于 1978~1996 年广州市固定资产投资额、进口商品总额以及城乡居民储蓄存款余额的数据，进行 GMM 回归得到供给约束型经济态势下投资和进口及储蓄的关系为：

$$I_t = 3.11 \Delta IM_t + 1.46 \Delta SAVE_t$$

$$(4.85)\,(13.18) \qquad\qquad\qquad\qquad (6\text{-}7)$$

$$R^2 = 0.96 \quad DW = 2.21 \quad s.e. = 44.38 \quad N = 17$$

虽然从式（6-7）中可以得到 I 和 ΔIM 以及 $\Delta SAVE$ 都是正相关的关系，当 ΔIM 增加 1 亿元时，I 增加 3.11 亿元，当 $\Delta SAVE$ 增加 1 亿元时，I 增加 1.46 亿元，但是要比较 ΔIM 和 $\Delta SAVE$ 对 I 的拉动作用，仅仅比较其估计系数的大小是不够的。此时可以利用 βeta 系数法将偏回归系数转换为 βeta 系数，从而直接比较 ΔIM 和 $\Delta SAVE$ 对 I 的拉动作用。βeta 系数法的公式为：

$$\hat{\beta}_j^* = \hat{\beta}_j\,(S_x/S_y)\,(j=1,\ 2,\ \cdots,\ k) \qquad\qquad (6\text{-}8)$$

其中 $\hat{\beta}_j^*$ 是一个没有单位的"纯数"，$\hat{\beta}_j$ 为回归估计出来的系数，S_x 为自变量的标准差，S_y 为因变量的标准差。经过 βeta 系数法计算得到 ΔIM 的 βeta 系数为 0.39，$\Delta SAVE$ 的 βeta 系数为 0.72。因此，广州市在供给约束型经济态势下，$\Delta SAVE$ 比 ΔIM 对 I 的拉动作用更大，即 1978~1996 年投资主要依靠储蓄拉动。接着利用 1978~1996 年广州市固定资产投资额、进口商品总额以及城乡居民储蓄存款余额的数据对模型（6-6）进行 OLS 回归，得到 I 和 ΔIM 以及 $\Delta SAVE$ 依然是正相关的关系，利用 βeta 系数法计算得到 $\Delta SAVE$ 的 βeta 系数为 0.84，ΔIM 的 βeta 系数为 0.24。模型（6-6）通过了序列自相关 LM 检验和异方差 White 检验，不存在自相关和异方差的问题，因此模型（6-6）是稳健的。

综上，1978~1996 年，广州市处于供给约束型经济态势下，投资主要来自进口和储蓄。一方面，因为在改革开放初始阶段，广州市的生产能力不足并且生产效率低下，经济发展所需要的资本品大部分来自国外；另一方面，因为经济发展之初，金融融资不健全，投资资金在很大程度上依赖银行贷款。1991 年 9 月中国股票市场才正式建立，因此，在供给约束型经济态势下，广州市企业的融资主要来源于银行存款，然而这一时期低下的社会经济发展水平使得社会上并没有足够的储蓄来满足社会投资的需求。

二 需求约束型经济态势下投资的变化

需求约束型经济指的是社会总供给大于社会潜在总需求，只要社会上对产品有需求，并且不管这个需求有多大，社会总供给都可以满足社会总需求的需要。因此，在需求约束型经济态势中，需求的产生引起投资的增加。如果社会上没有新的需求产生，那么投资也不会增加，即需求约束型经济是一种订单经济。在需求约束型经济态势下，广州市固定资产投资额的变化如图6-4 所示。

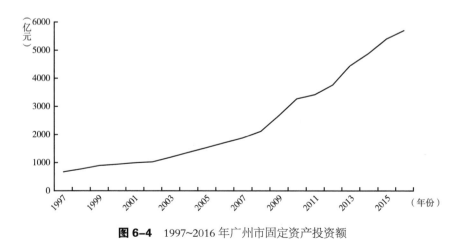

图 6-4 1997~2016 年广州市固定资产投资额

资料来源：表 6-1。

　　根据图 6-4，1997~2016 年，广州市固定资产投资额整体稳定增长，其各个点的连线近似一条向右上方倾斜的直线。1997~2001 年，虽然广州市固定资产投资额有所增长，但是增长得并不明显。2002 年，广州市固定资产投资额突破 1000 亿元，固定资产投资额的增长速度也从此时开始加快。自 2001 年中国加入 WTO 以后，广州市作为中国对外贸易比较发达的几个城市之一，社会经济发展有了更多的增长动力。2008~2010 年，固定资产投资额曲线的斜率是整条曲线中最陡的一段，也就是说这三年广州市固定资产投资额的增速是改革开放以来最快的一段，其中一部分原因是广州于 2010 年举办了亚运会，在城市公用事业重点项目以及房地产开发项目的带动下，广州市固定资产投资额快速增长。尽管 2008 年金融危机使得世界范围内各个国家和地区的经济都受到了沉重的打击，经济增速普遍有所下降，但是广州的投资增长依然保持着很好的势头。从 2011 年到 2016 年，广州市固定资产投资额保持着较快并且稳定的增长。

　　在需求约束性经济态势下，生产能力无限大，社会总供给能力远大于社会潜在总需求。只要市场有需求，并且不管这个需求有多大，社会总供给都可以满足。1997 年之后，广州市步入需求约束型经济态势，此时的投资主要来源于出口和消费。由于广州市生产出来的产品不是只在广州市内或者是广东省内销售，而是销往全国各地以及出口到世界各地，因此消费的数据用国内总消费数据替代。广州市出口商品总额与国内总消费的情况见表 6-5，其与广州市固定资产投资额的关系如图 6-5 和图 6-6 所示。

表 6-5　需求约束型经济态势下广州市出口商品总额、国内总消费情况

年份	出口商品总额（亿元）	国内总消费（亿元）	年份	出口商品总额（亿元）	国内总消费（亿元）
1997	878.30	47508.6	2007	2882.14	136229.4
1998	855.89	51460.4	2008	2981.25	157466.3
1999	816.82	56621.7	2009	2555.00	172728.3

续表

年份	出口商品总额（亿元）	国内总消费（亿元）	年份	出口商品总额（亿元）	国内总消费（亿元）
2000	976.11	63667.7	2010	3275.02	198998.1
2001	962.12	68546.7	2011	3647.54	241022.1
2002	1140.41	74068.2	2012	3719.01	271112.8
2003	1397.90	79513.1	2013	3889.76	300337.8
2004	1777.36	89086	2014	4466.61	328312.6
2005	2184.56	101447.8	2015	5055.41	362266.5
2006	2581.03	114728.6	2016	5192.75	400175.6

资料来源：①"出口商品总额"的数据见广州统计信息网的"统计年鉴2017——第十五篇——15-1 主要年份商品进出口总值和商品进出口总值指数"，网址为：http://210.72.4.52/gzStat1/chaxun/njsj.jsp；②"国内总消费"的数据见国家统计局网站"年度数据——国民经济核算——支出法国内生产总值－消费（亿元）"，网址为：http://data.stats.gov.cn/easyquery.htm?cn=C01。

广州市固定资产投资额和出口商品总额以及国内总消费总体上都呈正相关的关系。1997~2007 年，广州市固定资产投资额和出口商品总额以及国内总消费的增长相对于 2008~2016 年来说要慢一些。在图 6-5 中，出口商品总额和固定资产投资额的交叉点在 2009 年偏离了整体增长趋势，说明这一年的出口商品总额有明显的下降。虽然自改革开放以来，广州市的对外贸易发展很快，其出口商品总额在全国处于领先地位，然而由于 2008 年的金融危机，世界范围内经济低迷使得广州市的出口也受到了一定的影响。不过 2010 年之后，广州的出口又恢复了持续增长的态势。如图 6-6 所示，广州市固定资产投资额和国内总消费始终保持着稳定的增长，两者之间的关系是近似一条向右上方倾斜 60°的直线，说明一直以来国内总消费和广州市固定资产投资额之间的关系是稳定的。其中 1997~2007 年，国内总消费和广州市固定资产投资额的增长较慢，2008~2016 年的增长较快。

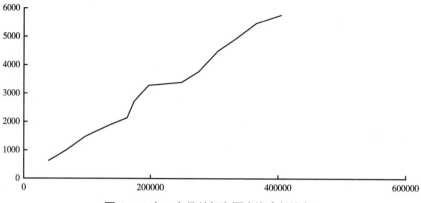

图 6-5 出口商品总额和固定资产投资额

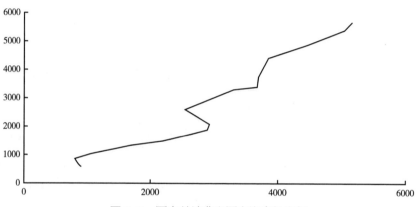

图 6-6 国内总消费和固定资产投资额

资料来源：①"出口商品总额"和"国内总消费"的数据见表 6-5。②"固定资产投资额"的数据见表 6-1。

因此，1997~2016 年广州市的投资可由式（6-9）给出。

$$I = f(EX, XF) \qquad (6-9)$$

式（6-9）中，I 表示广州市固定资产投资额，EX 表示广州市出口商品总额，XF 表示国内总消费。

假设出口商品总额增加值的变动和国内总消费增加值的变动影响投资增

长率的变动，则有：

$$\ln I_t = \beta_0 + \beta_1 \Delta EX_t + \beta_2 \Delta XF_{t-1} + u_t \qquad （6-10）$$

其中 ΔEX 表示出口商品总额当年的增加额，ΔXF 表示国内总消费当年的增加额。式（6-10）的单位根检验和协整检验结果如表6-6和表6-7所示。

表6-6　式（6-10）变量的 ADF 单位根检验结果

变量	差分次数	(C, T, K)	DW	ADF	1%临界值	5%临界值	10%临界值	结论
$\ln I$	1	$(C, 0, 1)$	1.78	−3.51	−3.89	−3.05	−2.67	$I(1)^{**}$
ΔEX	1	$(0, 0, 2)$	1.98	−4.35	−2.73	−1.97	−1.61	$I(1)^{***}$
ΔXF	1	$(0, 0, 1)$	1.92	−4.03	−2.72	−1.96	−1.61	$I(1)^{***}$

表6-7　式（6-10）变量的协整检验结果

原假设	迹统计量（P 值）	5% 临界值	λ-max 统计量	5% 临界值
无协整关系	43.62（0.00）[*]	35.19	28.19（0.01）[*]	22.30
至少有 1 个协整关系	15.43（0.20）	20.26	10.65（0.28）	15.89
至少有 2 个协整关系	4.78（0.31）	9.16	4.78（0.31）	9.16

根据式（6-9），利用1997~2016年广州市固定资产投资额、出口商品总额和国内总消费的数据，进行 GMM 回归，得到需求约束性经济态势下投资和出口及消费的关系为：

$$\ln I_t = 6.49 + 0.00078 \Delta EX_t + 0.00006 \Delta XF_{t-1}$$

$$(119.76)\ (3.68)\ (13.90)$$

$$R^2 = 0.86 \quad DW = 1.92 \quad s.e. = 0.25 \quad N = 17 \qquad （6-11）$$

根据式（6-11），$\ln I_t$ 和 ΔEX_t 以及 ΔXF_{t-1} 都是正相关的关系，当 ΔEX_t 增加 1 亿元时，I_t 增加 0.00078%；当 ΔXF_{t-1} 增加 1 亿元时，I_t 增加 0.00006%。利用 βeta 系数法计算得到 ΔEX_t 的 βeta 系数为 0.21，ΔXF_{t-1} 的 βeta 系数为 1.05，因此，与 ΔEX_t 相比，ΔXF_{t-1} 对 I 的拉动作用更大。接着对模型（6-10）进行 OLS 回归，得到 I_t 和 ΔEX_t 以及 ΔXF_{t-1} 依然是正相关关系，利用 βeta 系数法计算得到 ΔXF_{t-1} 的 βeta 系数为 0.87，大于 ΔEX_t 的 βeta 系数 0.24。再进行序列自相关 LM 检验和异方差 White 检验，模型（6-10）不存在自相关和异方差的问题，因此模型（6-10）是稳健的。广州市在需求约束型经济态势下，滞后 1 期消费的增加额对本期投资的拉动作用要大于当期出口的增长对投资的影响。

第三节　资本存量估算数据的选择

利用永续盘存法来估计资本存量需要投资、折旧率、基期资本存量和定基价格指数这四个指标的数据，前文已经分析了投资的数据选用广州市固定资产投资额，其他三个指标的选择如下。

一　资本折旧率

贾润崧和张四灿（2014）认为，永续盘存法理论中的折旧率实际上指的是资本品重置率，即当资本品折旧效率呈几何递减时，折旧率才等于重置率。因此，在资本品折旧效率递减的前提下，折旧率的设定对于改革开放以后长时期资本存量的估算影响很大，折旧率设置得越合理，资本存量估计的误差也就越小。根据现有的估计资本存量的文献，其对于折旧率的设定主要有以下几种情况。薛占栋（2011）在重估深圳的资本存量时，将 1992 年以前的折旧率设置为 0.05，1993 年以后的折旧率设置为 0.096；张军等（2004）、柯善咨和向娟（2012）、王维等（2017）根据各类资产的折旧年限估算出折旧率，其中张军等（2004）估算出的折旧率为 0.096；陈昌兵（2014）利用不同的生产函数估算出折旧率的均值为 0.056。由于折旧率的设置对于资本存量的估算影响很大，而按照 0.096 的折旧率估算得到的资本存量一定小于按照 0.05 的折旧率估算得到的资本存量，因此本书考虑薛占栋（2011）和张军等（2004）这两种折旧率的设定。一方面，改革开放初期技术水平不高，经济增长较慢，因此，资本的损耗较少，1993 之后广州市步入市场化的进程中，折旧的速度才有所提升，因此，将 1978~1992 年的折旧率设置为 0.05，将 1993~2016 年的折旧率设置为 0.096。

二　定基价格指数

根据永续盘存法，当年的资本存量等于前一年扣除折旧后的资本存量与当年新增投资之和，其中的投资需要剔除价格变化的影响。固定资产投资价格指数由建筑安装、装饰工程费用和设备、工器具购置费用及其他费用三部分加权算数平均得到，反映了固定资产投资价格的变动趋势和变动幅度，定基价格指数是这个指标很好的统计量。然而，在查阅历年的广州统计年鉴后，发现从 2005 年开始，官方的统计年鉴上才有广州市固定资产投资价格指数的记载，因此只用 2004 年到 2016 年这十三年的固定资产投资价格指数来估算广州市改革开放以来的资本存量显然是不合理的。广州市是广东省的省会城市，地区生产总值在全省占有重要地位，因此在广州市固定资产价格指数数据不完整的情况下，可以参考广东省的固定资产投资价格指数，然而在查阅了历年的《广东省统计年鉴》后知道，广东省的固定资产投资价格指数是从 2001 年开始有的，也不能使用。既然固定资产投资价格指数表示投资的价格变动，而 GDP 平减指数可以真实地表示物价变动，因此，本书用广州市 GDP 平减指数来替代固定资产投资价格指数，见表 6-8。

表 6-8 广州市 GDP 平减指数

年份	GDP 平减指数	年份	GDP 平减指数	年份	GDP 平减指数
1978	100.00	1991	193.82	2004	330.45
1979	99.76	1992	207.69	2005	338.89
1980	102.01	1993	239.44	2006	348.26
1981	103.54	1994	266.73	2007	313.75
1982	106.83	1995	292.74	2008	279.98
1983	107.87	1996	303.52	2009	253.94
1984	112.69	1997	305.97	2010	239.16
1985	121.21	1998	305.17	2011	227.11
1986	128.73	1999	304.60	2012	190.85
1987	138.65	2000	313.16	2013	165.29
1988	163.17	2001	316.64	2014	155.30
1989	198.33	2002	315.30	2015	134.74
1990	186.27	2003	321.00	2016	134.49

注：①广州市 GDP 平减指数 =（广州市名义 GDP/ 广州市实际 GDP）×100%，以 1978 年为 100；②广州市名义 GDP 根据广州市地区生产总值和地区生产总值指数计算得到。

资料来源：①"广州市名义 GDP"的数据见广州统计信息网的"统计年鉴 2017——第一篇、综合——1-13 主要年份地区生产总值"，网址为：http://210.72.4.52/gzStat1/chaxun/njsj.jsp；②"地区生产总值指数"的数据见广州统计信息网的广州 50 年——第一篇——国内生产总值指数（按可比价格计算，1978=100），网址为：http://210.72.4.52/gzStat1/chaxun/njsj.jsp。

三 基期资本存量

在查阅历年的《广州统计年鉴》和《广东省统计年鉴》及相关资料后，没有找到有关资本存量具体数据的记载。廖远甦（2009）和李宾（2011）认为，随着基期资本存量的折旧，基期资本存量对后续资本存量的影响会越来越小。由于基期资本存量对估算结果的误差影响较小，因此，在官方数据缺失的情况下，依然可以采用一些方法估计出基期资本存量。因为本书是对改革开放以来广州市的资本存量进行估算，所以选取 1978 年作为估算的基期，把 1978 年的价格设置为不变价格。关于基期资本存量计算的方法，张军和章元（2003）假设一个地区基期的资本存量占当年全国资本存量的比例等于其地区生产总值占全国国内生产总值的比例；张军等（2004）认为基期资本存量等于基期固定资本形成总额除以 0.1。本书采取张军和章元（2003）的方法，根据 Chow（2002）估算的中国 1978 年的资本存量为 14112 亿元，而 1978 年广州市 GDP 为 43.09 亿元，全国 GDP 为 3624 亿元，计算得到广州市 1978 年的资本存量为 167.79 亿元。

第四节　资本存量估计结果

根据上文选取的数据，基期资本存量为 K_1。折旧率在 1978~1992 年设置为 0.05，在 1993~2016 年设置为 0.096；当年价格的广州市固定资产投资额为 I_t；以 1978 年为 100 的 GDP 平减指数为 P_t。根据基期资本存量、折旧率、新增投资和 GDP 平减价格指数的数据，利用永续盘存法进行估计得到的 1978~2016 年广州市的资本存量如表 6-9 所示。根据表 6-9，由于折旧率设置了两种情况，因此，资本存量得到两组不同的数据，高折旧率估算出来的资本存量的数值比低折旧率估算出来的资本存量的数值小，但是相差不大。

表 6-9　广州市资本存量的估算结果（1978 年不变价）

年份	固定资产投资额（亿元）	GDP 平减指数	折旧率 1	折旧率 2	资本存量 1（亿元）	资本存量 2（亿元）
1978	7.26	100.00	0.05	0.096	167.79	167.79
1979	7.43	99.76	0.05	0.096	166.85	159.13
1980	9.96	102.01	0.05	0.096	168.26	153.61
1981	13.63	103.54	0.05	0.096	173.02	152.03

年份	固定资产投资额（亿元）	GDP 平减指数	折旧率 1	折旧率 2	资本存量 1（亿元）	资本存量 2（亿元）
1982	21.01	106.83	0.05	0.096	184.03	157.10
1983	22.89	107.87	0.05	0.096	196.05	163.24
1984	29.92	112.69	0.05	0.096	212.80	174.12
1985	43.62	121.21	0.05	0.096	238.15	193.40
1986	52.48	128.73	0.05	0.096	267.01	215.60
1987	58.41	138.65	0.05	0.096	295.79	237.03
1988	90.22	163.17	0.05	0.096	336.29	269.56
1989	93.33	186.79	0.05	0.096	369.44	293.65
1990	90.59	186.27	0.05	0.096	399.60	314.10
1991	103.74	193.82	0.05	0.096	433.15	337.47
1992	188.14	207.69	0.05	0.096	502.08	395.66
1993	373.40	239.44	0.096	0.096	609.82	513.62
1994	525.71	266.73	0.096	0.096	748.37	661.41
1995	618.25	292.74	0.096	0.096	887.73	809.11
1996	638.94	303.52	0.096	0.096	1013.01	941.94
1997	656.58	305.97	0.096	0.096	1130.35	1066.11
1998	758.83	305.17	0.096	0.096	1270.50	1212.42
1999	878.26	304.60	0.096	0.096	1436.86	1384.36
2000	923.67	313.16	0.096	0.096	1593.87	1546.41
2001	978.21	316.64	0.096	0.096	1749.80	1706.89
2002	1009.24	315.30	0.096	0.096	1901.91	1863.12
2003	1175.17	321.00	0.096	0.096	2085.42	2050.36
2004	1348.93	330.45	0.096	0.096	2293.44	2261.74
2005	1519.16	338.89	0.096	0.096	2521.54	2492.89
2006	1696.38	348.26	0.096	0.096	2766.58	2740.68
2007	1863.34	313.75	0.096	0.096	3094.88	3071.46
2008	2105.54	279.98	0.096	0.096	3549.80	3528.63
2009	2659.85	253.94	0.096	0.096	4256.47	4237.33

续表

年份	固定资产投资额（亿元）	GDP 平减指数	折旧率 1	折旧率 2	资本存量 1（亿元）	资本存量 2（亿元）
2010	3263.57	239.16	0.096	0.096	5212.47	5195.17
2011	3412.20	227.11	0.096	0.096	6214.52	6198.88
2012	3758.39	190.85	0.096	0.096	7587.24	7573.10
2013	4454.55	165.29	0.096	0.096	9553.81	9541.03
2014	4889.50	155.30	0.096	0.096	11785.06	11773.51
2015	5405.95	134.74	0.096	0.096	14665.69	14655.25
2016	5703.59	134.49	0.096	0.096	17498.73	17489.29

资本－产出比（K/Y）表示一单位的产出需要投入多少的资本。张军、章元（2003）用 K/Y 来检验资本存量估算结果的可信度，他认为较低的 K/Y 表示用较少的资本可以获得更多的产出，因此低的 K/Y 表示高的生产技术水平。据此，如果一个国家或地区的 K/Y 值越高，那么其一单位的产出所需要投入的资本也就越多，说明这个国家或地区经济越不发达。因为经济发达的国家或地区具有技术优势，一单位的产出所需要投入的资本较少，例如，发达国家 K/Y 的值通常会在 2.5 以下。以表 6-9 资本存量的数据表示资本，以广州市实际 GDP 的数据表示产出，1978~2016 年广州市 K/Y 的值如表 6-10 和图 6-7 所示。

表 6-10　1978~2016 年广州市资本－产出比

年份	资本－产出比 1	资本－产出比 2	年份	资本－产出比 1	资本－产出比 2	年份	资本－产出比 1	资本－产出比 2
1978	3.89	3.89	1991	2.17	1.69	2004	1.70	1.68
1979	3.41	3.26	1992	2.04	1.61	2005	1.66	1.64
1980	2.98	2.72	1993	1.96	1.65	2006	1.58	1.57
1981	2.83	2.48	1994	2.03	1.79	2007	1.36	1.35
1982	2.72	2.33	1995	2.06	1.88	2008	1.20	1.19
1983	2.65	2.21	1996	2.09	1.95	2009	1.18	1.18

续表

年份	资本－产出比1	资本－产出比2	年份	资本－产出比1	资本－产出比2	年份	资本－产出比1	资本－产出比2
1984	2.45	2.01	1997	2.06	1.94	2010	1.16	1.16
1985	2.32	1.88	1998	2.05	1.95	2011	1.14	1.13
1986	2.46	1.99	1999	2.05	1.97	2012	1.07	1.07
1987	2.37	1.90	2000	2.00	1.94	2013	1.02	1.02
1988	2.29	1.83	2001	1.95	1.90	2014	1.10	1.09
1989	2.40	1.91	2002	1.87	1.83	2015	1.09	1.09
1990	2.33	1.83	2003	1.78	1.75	2016	1.20	1.20

注：资本－产出比1=资本存量1/实际GDP，资本－产出比2=资本存量2/实际GDP。

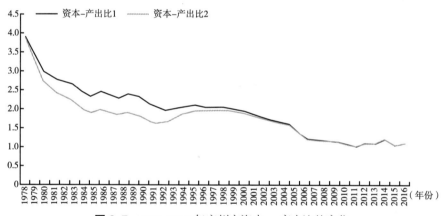

图6-7 1978~2016年广州市资本－产出比的变化

资料来源：表6-10。

从图6-7可以看出，无论是用资本存量1还是用资本存量2来计算 K/Y 的值，得到的结果差距很小，并且二者有相同的变化趋势。1978~1985年，资本－产出比下降很快。1986~1995年，虽然中间年份的资本－产出比有所波动，但是整体变化不大。1996~2008年，资本－产出比以较平稳的速度下降，2014年、2016年有少量提高。改革开放初期，由于经济发展动力不足，只要有资本投入，其对经济的推动作用就会很明显。随着广州市经济实力的增强以及技术水平的提升，一单位的产出所需要的资本逐渐减少，资本－产出比下降。2008 年以后，资本逐渐饱和，使得资本－产出比表现平稳，下降缓慢。由于广州市 1978~2016 年 K/Y 的值总体呈下降趋势，因此，估算的广州市的资本存量是可靠的。

第五节　本章结论

总供求态势不同，投资增长的影响因素也不尽相同。在供给约束型经济态势下，广州市投资总体变化不大，其增长主要受进口和储蓄的制约；在需求约束型经济态势下，广州市投资迅速增长，其增长主要依靠出口和消费拉动。本书利用永续盘存法估算了改革开放以来广州市的资本存量，从估算出来的结果可以看出：第一，由于基期资本存量会不断地折旧，因此，估算的时段越长，基期资本存量对其后年份资本存量估算结果的影响也就越小；第二，折旧率的设定是影响资本存量估算的重要因素，折旧率设置得高一些，资本存量的估计值就会比折旧率低一些的资本存量估计值小；第三，在有关数据缺失的情况下，可以使用经济意义相似并且大小接近的数据来替代。

第七章　改革开放40年广州城乡居民储蓄存款

改革开放以来，广州市经济社会发展取得了重大进展，已经跻身世界一流城市之列。回顾广州市的发展，离不开老一辈人民的开拓，也离不开中青年的进取。分析广州市经济，无论从宏观还是微观的角度，居民储蓄存款都是一个重要的研究变量。发展中国家或经济体实现经济飞跃发展以及弯道超车，往往具有较高的储蓄率，亚洲四小龙的经验可以证实这一判断。李军（2016）根据生命周期理论构建储蓄模型，利用1978~2013统计数据实证分析物价与家庭储蓄率之间的数量关系，发现它们之间具有正相关关系。王海第、龚六堂（2007）探索了经济增长中的储蓄和消费的关系并兼论了中国高储蓄率的原因，在拉姆齐模型的基础上，严格论证了增长经济中消费函数的形式和长期储蓄率的决定问题，发现由于中国的社会保障体制还不完善，人们出于对未来的不确定性和较高的风险规避性倾向于进行较高比例的储蓄。刘巍（2004）对广东、广西和海南三省份储蓄存款进行分析，认为虽然从理论上说利率与储蓄存款具有正向变动关系，但是利率这个解释变量重要性很低，甚至不显著，降低利率并不会使存款大幅度减少。杨天宇、荣雨菲（2015）基于持久性收入的角度，分析了中国居民各阶层的持久性收入与储蓄率的关系，发现二者呈明显的正相关关系，并且低收入阶层的储蓄率稳定地高于高收入阶层。谢勇（2011）发现尽管中国居民储蓄的总体水平较高，但其中绝大多数集中于少数高收入家庭，收入差距的拉大显著地提高了中国居民的总体储蓄率，并认为收入水平上升和收入差距是中国高储蓄率的重要原因。潘黎、吕巍、王良燕（2013）从消费者行为的角度研究居民的储蓄行为，发现"独立自我"（如美国、加拿大等西方国家的居民）更倾向于选择能给他们带来即刻满足的消费目标，而相依自我（如中国、日本、韩国、印度等国家的居民）更倾向于选择能给他们带来更大长期好处的储蓄目标。Angus Deaton（1990）对发展中国家居民的储蓄行为做了简单总结，从家庭的角度，发现在两期消费模型里，为了实现消费平滑会进行储蓄，这可以很好地解释发展中国家或经济体的储蓄行为。李焰（1999）指出，在古典经济学中，储蓄的利率弹性是正的，即利多多储，利少少储，无利不储，负利不储。然而利率对储蓄的单正向作用从未得到完美的实证检验结果。李雪松、黄彦彦（2015）使用家庭金融调查（CHFS）数据，从房产的角度研究房价上涨对储蓄的影响。研究结果发现在房地产市场上行阶段，房价上涨成为推动城镇居民储蓄率的重要因素之一，房价持续上涨时，人们为购房而储蓄，为偿还住房贷款而储蓄，从而推高了储蓄水平。总结起来，在对城乡居民储蓄存款的研究中，收入与储蓄存款呈正相关关系，并且收入是较为重要的解释变量，这一点是学者们都比较赞同的；对于存款利率以及物价水平，学者们得出的结论不再那么统一，有学者认为通货膨胀率与储蓄存款是负相关关系，但另外一些学者认为是正相关关系；对于存款利率的结论，也是如此。另外，还有学者从收入差距和房地产发展情况或者其他方面进行分析。

本章在前人研究的基础上探索改革开放以来影响广州市城乡居民储蓄存款的因素，以及其与投资等因素的关系。与既有文献分析不同的是，本书把时间轴分为两段进行分析，两个阶段对被解释变量和解释变量分析的结果有所不同。

第一节　城乡居民储蓄存款与投资的关系

在经济学中，储蓄和投资是两个关系较为紧密的概念。根据凯恩斯的理论，储蓄恒等于投资，当然，这是一个事后的概念。储蓄从广义和狭义上看，有不同的概念和范围。从广义上讲，储蓄为银行储蓄存款和购买有价证券之和，这是宏观经济学上大储蓄的概念。从狭义上讲，储蓄主要指居民存放在商业银行或者信用合作社等信用机构的货币。在本书的分析中，储蓄存款指的是狭义的概念。储蓄存款能够转化为投资，从而促进资本的形成，从而推动产出的增加。根据刘巍（2010）的研究，一国的经济总态势可以分为供给约束型经济、需求约束型经济。1996年是广州市从供给约束型经济向需求约束型经济转化的时点，故将所搜集的数据分为两段：1978~1996年、1997~2016年，探讨城乡居民储蓄存款与投资的关系。

一 供给约束型经济下城乡居民储蓄存款与投资的关系

城乡居民储蓄存款与投资是两个相互作用的变量，城乡居民储蓄存款可以促进投资的增加，促进资本的形成，最后产出也会跟着增加，从而形成一个经济运行的循环。表7-1为1978~1996年广州市城乡居民储蓄存款余额与投资（使用全社会固定资产投资额）的数据，将表7-1的数据生成图7-1和图7-2。从图7-1和图7-2中可以直观地发现，总体上看，城乡居民储蓄存款余额和投资都呈指数型增长的态势，1991年或1992年是一个节点，从这开始城乡居民储蓄存款余额与投资的增长越来越快。

表7-1 1978~1996年广州市城乡居民储蓄存款余额与投资

年份	城乡居民储蓄存款余额（亿元）	投资（亿元）
1978	5.67	7.26
1979	7.09	7.43
1980	9.60	9.96
1981	13.06	13.63

续表

年份	城乡居民储蓄存款（亿元）	投资（亿元）
1982	16.75	21.01
1983	21.62	22.89
1984	28.34	29.92
1985	39.86	43.62
1986	54.16	52.48
1987	74.85	58.41
1988	94.37	90.22
1989	130.01	93.33
1990	181.14	90.59
1991	245.91	103.74
1992	340.12	188.14
1993	448.74	373.40
1994	653.80	525.71
1995	961.48	618.25
1996	1296.22	638.94

资料来源：广州市统计信息网——广州 50 年——第四篇、第六篇，网址：http：//210.72.4.52/ gzStat1/ chaxun/njsj.jsp。

广州市城乡居民储蓄存款余额增长率高于全国水平，这可以从图 7-3 中看出。原因是广州市是改革开放的前沿地带，经济率先发展起来，收入水平提高了，储蓄也自然而然地增加了。另外一种因素可能是文化因素，广州是广府文化的核心区域，广府文化较为保守和稳健（保守不是封建的意思），预防性或谨慎性动机比较强烈，因而储蓄存款比较高。

广州市投资增长趋势与全国大体一致，但波动幅度大于全国水平。由图 7-4 可以发现，1988 年广州市投资增长迅猛，而全国的增长率相对于广州

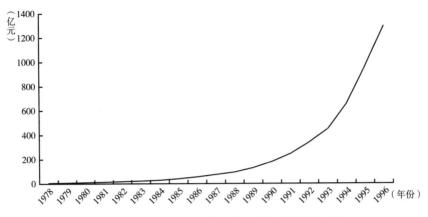

图7-1 1978~1996 年广州市城乡居民储蓄存款余额

资料来源：广州市统计信息网——广州 50 年——第六篇，网址：http：//210.72.4.52/gzStat1/ chaxun/njsj.jsp。

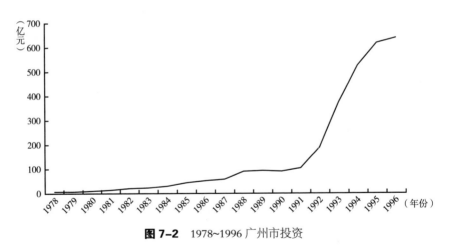

图7-2 1978~1996 广州市投资

资料来源：广州市统计信息网——广州 50 年——第四篇，网址：http：//210.72.4.52/gzStat1/ chaxun/njsj.jsp。

来说较低，但也保持了 20% 左右的增长。后面几年时间为经济建设的整顿时期，因而增速放缓。改革开放刚开始时经济发展刚起步，直至 1992 年中共十四大确立了建立社会主义市场经济的目标之后，不论是对于国内还是国外，都释放出新的信号，鼓舞了国内外投资者的信心，因而 1992 年之后广州市和全国投资呈现"爆发式"的增长。但是广州市的增长要高于全国的增长，这是因为广州市处于改革开放的前沿地带。随着治理 1993~1994 年严重通胀措施出台，1995~1996 年广州投资增速放缓，增速低于全国水平。

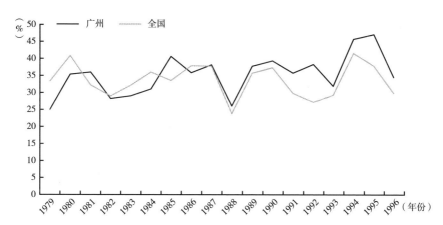

图7-3 1979~1996 年广州市与全国城乡居民储蓄存款余额增长率对比

资料来源：①广州市统计信息网——广州50年——第六篇，网址：http://210.72.4.52/gzStat1/ chaxun/njsj.jsp；②中国统计信息网——人民生活——城乡居民储蓄存款，网址：http://data.stats.gov.cn/easyquery.htm?cn=C01。

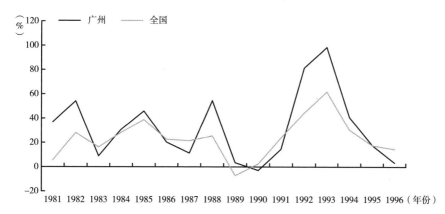

图7-4 1981~1996 年广州市与全国投资增长率对比

资料来源：①广州市统计信息网——广州50年——第四篇，网址：http://210.72.4.52/gzStat1/ chaxun/njsj.jsp；②中国统计信息网——固定资产投资和房地产——全社会固定资产投资，网址：http://data.stats.gov.cn/easyquery.htm?cn=C01。

注：由于全国数据缺失，1978~1979 两年数据无法获得，因而分析了 1981~1996 年的情况。

二 需求约束型经济下城乡居民储蓄存款与投资的关系

1997 年后广州市进入需求约束型经济态势，持续引进外资、扩大对外开放以及加入世界贸易组织，使得广州市资本存量不断放大，进而总产出和人均产出都显著增长。伴随着广州市人民收入水平的提高，城乡居民储蓄存款也大为提高，根据前述理论，储蓄会转化为投资，但是鉴于广州市的储蓄－投资转化机制尚未达到比较成熟的状态，储蓄－投资转化率并不高，因为两者的差距越来越大，数据见表 7-2。在图 7-5 中，2007 年广州市城乡居民储蓄存款几乎为"零增长"，但是此时我国经济发展还处于高速发展时期，出现这种现象不免让人好奇。深究之后发现，因为 2007 年中国证券市场十分火爆，2007 年上证指数一度突破 6000 点，当年甚至有许多公众人物预期年末破万点。于是证券市场的火热导致城乡居民储蓄存款"大搬家"，城乡居民储蓄存款的增加陷于停滞。2008 年金融危机爆发之后，股市、楼市齐跌，出于预防性动机，人们更多地把收入放到银行进行储蓄，因而此时储蓄存款迅速增加，虽然 2014 年有短暂的放缓，而且有支付宝、微信、余额宝以及各种理财产品的出现，但是势头还是没有放缓。可见，随着改革开放的不断深入，虽然固定资产投资在快速地增长，尤其是在房地产投资上，但是储蓄存款和投资的差距越来越大。1997~2016 年广州市投资情况见图 7-2。

表 7-2 1997~2016 年广州市城乡居民储蓄存款余额与投资

年份	城乡居民储蓄存款余额（亿元）	投资（亿元）
1997	1586.6	656.58
1998	1882.23	758.83
1999	2040.18	878.26
2000	2239.86	923.67

续表

年份	城乡居民储蓄存款余额（亿元）	投资（亿元）
2001	2600.43	978.21
2002	3132.8	1009.24
2003	3727.33	1175.17
2004	4256.8	1348.93
2005	5024.69	1519.16
2006	5562.36	1696.38
2007	5589.51	1863.34
2008	6867.29	2105.54
2009	7954.22	2659.85
2010	9069.26	3263.57
2011	10032.62	3412.20
2012	11310.69	3758.39
2013	12253.98	4454.55
2014	12571.7	4889.50
2015	13297.4	5405.95
2016	13995.79	5703.59

资料来源：广州市统计信息网——宏观经济数据库——第四篇、第六篇，网址：http：//210.72.4.52/gzStat1/ chaxun/njsj.jsp。

从图 7-7 可以发现，1997~2015 年广州市与全国城乡居民储蓄存款余额增长率波动都比较大，但是趋势大体相同。1997~2001 年，受亚洲金融危机的影响，广州市与全国城乡居民储蓄存款余额增长率逐渐下降，而在 2001 年中国加入世界贸易组织之后，受利好因素的影响，增长率有所上升，然而在 2007~2008 年出现巨幅下滑。在 2009 年大幅反弹之后，随后几年逐渐回落，在此期间，广州市城乡居民储蓄存款余额增长率低于全国水平。

在投资方面，图 7-8 的走势显示，广州市与全国投资增长率都呈现不规则的特征，两者的走势不一致，变化幅度非常大。广州市经济发展理念较为

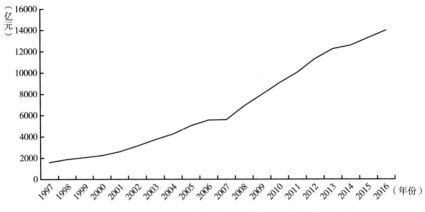

图7-5 1997~2016年广州市城乡居民储蓄存款余额

资料来源：广州市统计信息网——宏观经济数据库，第六篇，网址：http: //210.72.4.52/gzStat1/ chaxun/njsj.jsp。

图7-6 1997~2016年广州市投资

资料来源：广州市统计信息网——宏观经济数据库——第四篇，网址：http: //210.72.4.52/gzStat1/chaxun/njsj.jsp。

先进，产业结构较为合理，不像全国的大多数城市还是依靠投资来促进经济增长，因而从总体上看广州市投资增长率低于全国的水平。但是从细节看，在一些特殊的年份如2003年（"非典"疾病暴发）和2009年（全球金融危机后），广州市的投资出现小顶点，这恰好体现出广州市政府发挥了宏观调控的

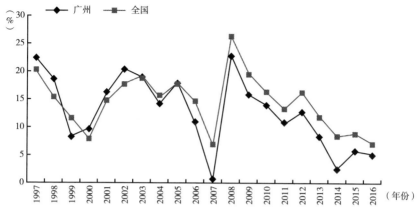

图 7-7　1997~2016 广州市与全国城乡居民储蓄存款余额增长率对比

资料来源：①广州市统计信息网——宏观经济数据库——第六篇，网址：http：//210.72.4.52/gzStat1/ chaxun/njsj.jsp；②中国统计信息网——人民生活——城乡居民人民币储蓄存款，网址：http：//data.stats.gov.cn/easyquery.htm?cn=C01。

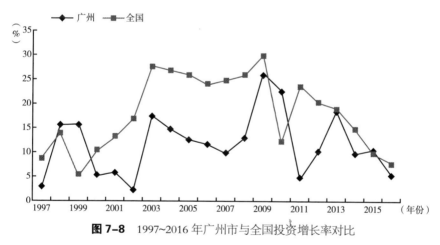

图 7-8　1997~2016 年广州市与全国投资增长率对比

资料来源：①广州市统计信息网——宏观经济数据库——第四篇，网址：http：//210.72.4.52/gzStat1/ chaxun/njsj.jsp；②中国统计信息网——固定资产投资和房地产——全社会固定资产投资，网址：http：//data.stats.gov.cn/easyquery.htm?cn=C01。

作用，实施逆周期的政策来进行宏观经济运行的调控。而后面几年中国进入经济发展新常态，经济增长由高速增长转为中高速增长，因而增速在后面几年慢慢回落。

第二节　城乡居民储蓄存款与消费的关系

消费是宏观经济运行中的重要变量之一，根据两部门国民收入恒等式：$Y=C+S$，收入中未被消费的那部分就是储蓄，这样看的话，似乎这两者的关系是一种反向关系，尤其是在经济发展水平落后、总量不大的时候，当取得收入之后，便把收入立即转化成消费，没有剩余，所以也不会有什么储蓄。而在经济发展起来之后，人们手中的收入多了，在完成了基本的消费之后，就会把消费剩余的部分储蓄起来。

一　供给约束型经济下储蓄存款与消费的关系

在供给约束型经济下，产出低下，居民可支配收入不高，消费也会受到很大限制。根据表 7–3 广州市城乡居民消费的数据，得出图 7–9。从图 7–9 中我们可以看出，1978 年后广州市居民消费不断增长，这得益于改革开放促使产出增加，人们收入水平提高。1992 年是一个节点，从这年开始，增长加速。在 1996 年之前，广州市经济尚处于供给约束型经济态势，产出水平低，人们出于谨慎或预防性动机的考虑，会出现强制性储蓄的现象。强制性储蓄，即在短缺经济条件下，居民受可供消费商品供给数量的约束，会先把当期所得的收入留一部分储蓄起来，把剩下的部分用于消费，储蓄逐期滚动增加。

表 7–3　1978~1996 年广州市城乡居民储蓄存款余额与消费

年份	城乡居民储蓄存款余额（亿元）	消费（亿元）
1978	5.67	15.72348
1979	7.09	17.55326

续表

年份	城乡居民储蓄存款余额（亿元）	消费（亿元）
1980	9.60	19.66025
1981	13.06	22.2364
1982	16.75	26.36705
1983	21.62	31.0073
1984	28.34	36.7166
1985	39.86	43.22232
1986	54.16	52.88838
1987	74.85	62.68919
1988	94.37	83.88245
1989	130.01	105.246
1990	181.14	112.7877
1991	245.91	126.3619
1992	340.12	151.555
1993	448.74	222.6859
1994	653.80	305.6712
1995	961.48	382.5227
1996	1296.22	414.9848

注：消费的数据通过官方给出的人均数额再乘以人口得到。

资料来源：广州市统计信息网——广州50年——第六篇、第七篇，网址：http：//210.72.4.52/gzStat1/chaxun/njsj.jsp。

从图7-10可以发现，总体上看，消费的增长远远小于城乡居民储蓄存款余额的增长，这与前面所说的强制性储蓄表现一致，在产出短缺的年代，居民会选择先储蓄后消费。在消费方面，改革开放前期消费的增速较为缓慢。一方面，可以解释为当时人们的收入水平较低，并且在强制性储蓄后，剩余的可消费额不多，因而增长缓慢；另一方面，这一时期是家庭耐用消费品建设阶段，在没有消费信贷的条件下，只能先把收入的一部分逐渐积攒起来，

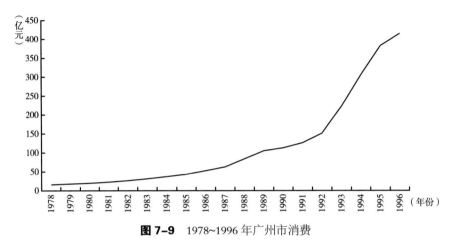

图 7-9　1978～1996 年广州市消费

资料来源：广州市统计信息网——广州 50 年——第七篇，网址：http：//210.72.4.52/gzStat1/chaxun/njsj.jsp。

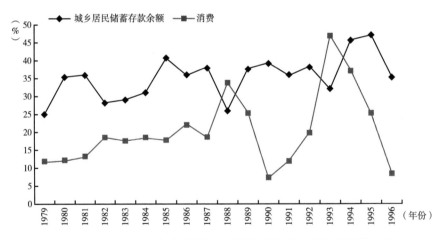

图 7-10　1978～1996 年广州市城乡居民储蓄存款余额与消费增长率

资料来源：广州市统计信息网——广州 50 年——第六篇、第七篇，网址：http：//210.72.4.52/gzStat1/chaxun/njsj.jsp。

一定时间后用于电视、冰箱、空调等耐用消费品支出。1992 年之后，受确立社会主义市场经济为发展目标的利好消息的影响，城乡居民的消费迅速增加，但是在 1995～1996 年增速放缓。

二 需求约束型经济下储蓄存款与消费的关系

当广州市进入需求约束型经济态势之后，社会生产力有了极大的提高，人们的收入水平大幅增加，生活水平也得到了极大的改善。根据经济学的消费理论可以知道，从总量角度观察，边际消费倾向是递减的，而且当收入水平越高时，边际消费倾向就越小。所以，当广州市产出增加、收入增加的时候，消费也会增加，但是增加的速度会远远小于收入增加的速度，因而储蓄会越来越多。此时我们有了更多的收入，可以更好地支配自己手中的资源，因而在当期得到收入的时候，会先去消费，满足自己的基本需求，之后再把剩下的部分拿去储蓄，这与前面供给约束型状态下的情况不一样。根据表7-4的数据生成图7-11和图7-12，从中可以发现，1999年受亚洲金融危机以及世纪之交互联网泡沫的影响，广州市政府提出了扩大内需的口号以抵销出口减少的影响，但是消费的波动仍较大。

表7-4 1997~2016年广州市城乡居民储蓄存款余额与消费

年份	城乡居民储蓄存款余额（亿元）	消费（亿元）
1997	1586.6	451.0456
1998	1882.23	498.0867
1999	2040.18	500.1212
2000	2239.86	609.7658
2001	2600.43	629.0729
2002	3132.80	616.2142
2003	3727.33	762.3512
2004	4256.80	891.6053
2005	5024.69	1009.062
2006	5562.36	1093.018

续表

年份	城乡居民储蓄存款余额（亿元）	消费（亿元）
2007	5589.51	1360.273
2008	6867.29	1519.233
2009	7954.22	1685.33
2010	9069.26	1880.027
2011	10032.62	2147.234
2012	11310.69	2354.369
2013	12253.98	2589.602
2014	12571.70	2656.211
2015	13297.40	2710.569
2016	13995.79	2975.888

注：消费的数据通过官方给出的人均数额再乘以人口得到。

资料来源：广州市统计信息网——宏观经济数据库——第六篇、第七篇，网址：http：//210.72.4.52/gzStat1/chaxun /njsj.jsp。

图 7-11 1997~2016 年广州市消费

资料来源：广州市统计信息网——宏观经济数据库——第七篇，网址：http：//210.72.4.52/gzStat1/chaxun/njsj.jsp。

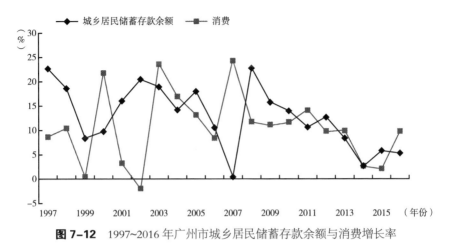

图7-12　1997~2016年广州市城乡居民储蓄存款余额与消费增长率

资料来源：广州市统计信息网——广州50年——第六篇、第七篇，网址：http://210.72.4.52/gzStat1/chaxun/njsj.jsp。

　　自2002之后，消费迅速增加，更好的逻辑解释是，加入世界贸易组织之后，中国经济更好地融入了世界经济之中，广州是制造业大市，同时又是重要港口，因此，经济步入高速发展阶段，人们收入水平增加，消费支出也迅速增长。2014~2015年消费增速有小幅下降，但是到了2016年，又回到高速增长的轨道上。从图7-12上看，进入需求约束型经济后，消费的波动依旧比较大，1997~2008年是波动比较大的时期，2009年之后消费的波动减小了，城乡居民储蓄存款余额与消费增长率的走势大体相同。

第三节　城乡居民储蓄存款的影响因素与数量模型

　　在经济学经典理论中，关于储蓄－消费的理论数不胜数，比较著名的有斯密西斯的绝对收入理论、杜森贝利的相对收入理论、弗里德曼的永久性收入理论以及莫迪利安尼的储蓄生命周期理论，但这些理论的提出都是建立在西方发达国家经济运行机制的基础之上。任何一种经济理论都有它所必须满足的前提条件，因此，在分析广州市城乡居民储蓄存款时，必须结合广州市的实际情况，才能做出正确的分析。

一 城乡居民储蓄存款的影响因素分析

根据广州市经济发展历史以及现实情况，我们认为广州市城乡居民储蓄存款主要受以下几个因素的影响。

1. 国民收入

根据经济学理论，国民收入是城乡居民储蓄最重要的决定因素之一，储蓄是收入的单调增函数。在本书中，以 GDP 作为收入的代理变量，用剔除价格变动后的实际 GDP 进行分析。理论上，国民收入越高，城乡居民储蓄存款越多。

2. 价格水平

反映价格变动的指数有多种，其中包括 CPI、PMI、GDP 平减指数等，这里我们选取 CPI 作为衡量价格水平的指标。在本书分析中，CPI 采用的是环比指数，因为居民对物价的反应，主要是根据上一年物价水平的波动来做出的，所以选择的是环比指数。当物价水平上涨得越快的时候，人们持有货币的成本就会增加，把手中的货币尽快花出去换取货物以进行保值的欲望会增加。理论上看，储蓄存款与价格水平呈负相关关系。

3. 有价证券的价格

我国的金融市场相较于西方发达国家，还处于相对落后的阶段。例如，在成熟的经济体中，美国的资本市场存在了 200 多年之久，英国伦敦交易所也有 200 多年的历史，而中国在 1990 年之后才成立自己的证券交易所，发展还不足 30 年。有价证券的种类有很多，股票、债券、期货、期权、互换等，都属于有价证券。用哪一种金融产品反映有价证券的价格尚不好说，由于股票是基础类金融产品，其他金融衍生品都可以通过复制基础类金融产品的方式得到，因此，我们用上证指数当年收盘价作为有价证券的价格。从理论上看，有价证券价格与城乡居民储蓄存款呈负相关关系。

4. 存款利率

银行存款利率的高低对城乡居民储蓄存款有一定的影响，广州市人均GDP已经突破 20000 美元 / 年的大关，但是对比世界一流大都市如东京、伦敦、洛杉矶、巴黎等，还是处于较低的水平。资本市场的发展相较于美国、日本以及欧洲等经济体来说还是相对落后，加上担心未来的不确定性，人们的存款动机更多的是防患于未然，而获取利息收入的动机相对较低，实际上银行存款实际利率经常为负值。但是，为了安全和便利起见，人们还是把银行存款作为主要的储蓄渠道。本书选用一年期存款利率进行分析。理论上，存款利率与储蓄存款呈正相关关系。

综上所述，广州市城乡居民储蓄存款的理论函数为：

$$S = f(Y, P, r, SH, u) \tag{7-1}$$

式（7-1）中，S 为城乡居民储蓄存款（用城乡居民储蓄存款余额代表），Y 为国民收入（用实际 GDP 代表），P 为价格水平（CPI），r 为存款利率，SH 为有价证券的价格，u 为随机干扰项，根据（7-1）式，初步认为：

$$\frac{\partial S}{\partial Y} > 0, \ \frac{\partial S}{\partial P} < 0, \ \frac{\partial S}{\partial r} > 0, \ \frac{\partial S}{\partial SH} < 0 \tag{7-2}$$

即城乡居民储蓄存款与国民收入正相关，与物价水平负相关，与存款利率正相关，与有价证券的价格负相关。

二 广州市城乡居民储蓄存款的计量模型

在式（7-1）理论函数的基础上，我们以 1978~2016 年广州市统计局公布的数据进行实证分析。与先前的分析思路一样，1996 年是广州市供给约束型和需求约束型经济态势的分界点，因而我们将时间序列分为两段：1978~1996

年以及 1997~2016 年。

1. 供给约束型经济下城乡居民储蓄存款模型分析

对表 7-5 所示数据取自然对数，然后进行普通最小二乘回归，得到：

$$\ln S=1.5617\ln Y-0.7576\ln P+0.8093AR（1）$$

$$t_1=13.07 \quad t_2=-5.01 \quad t_3=8.87 \tag{7-3}$$

$$R_2=0.99 \quad DW=2.38$$

在回归方程中包含解释变量存款利率 r 时，模型不显著，发现去掉 r 之后，方程变得显著，各项系数和指标都符合预期，说明在供给约束型经济态势下，存款利率对城乡居民储蓄存款没有多大影响。在改革开放初期，价格体制改革非常困难，物价上涨是主要问题，因此，价格因素对居民相关储蓄存款行为影响重大，存款利率对储蓄行为影响甚微。

表 7-5 相关变量数据

年份	城乡居民储蓄存款余额（亿元）	实际 GDP（亿元）	CPI（上年 =100）	存款利率（%）
1978	5.67	43.09	100.3	3.96
1979	7.09	48.87	104	3.96
1980	9.601	56.41	107.2	4.32
1981	13.06	61.24	105.2	5.76
1982	16.75	67.54	104.4	6.84
1983	21.62	73.86	101.6	6.84
1984	28.34	86.74	102.4	6.84
1985	39.8625	102.6	121.5	7.2
1986	54.16	108.4	103.9	8.28
1987	74.85	124.92	113.7	8.28
1988	94.37	147.13	127.7	9.72
1989	130.01	154.12	121.6	9.72

续表

年份	城乡居民储蓄存款余额（亿元）	实际GDP（亿元）	CPI（上年=100）	存款利率（%）
1990	181.14	171.58	97.3	11.34
1991	245.906	199.5	103	10.08
1992	340.12	245.9	111.7	7.56
1993	448.74	310.87	125	7.56
1994	653.8	369.41	120	10.98
1995	961.48	430.15	113.5	10.98
1996	1296.22	483.68	108.2	7.47

资料来源：①广州市统计信息网——广州50年——第一篇、第六篇、第七篇，网址：http：//210.72.4.52 /gzStat1/chaxun/njsj.jsp；②中国人民银行网站：http：//www.pbc.gov.cn/zhengcehuobisi/125207/125213/125440/125838/125888/17094/index2.html。

在经济分析和决策时，我们需要了解各变量之间的相对重要性，或者因变量对各个解释变量的敏感性，因此就涉及Beta系数和变量弹性问题。

我们首先观察一下Beta系数，由于偏回归系数与变量的原有单位都有直接的联系，单位不同，彼此不能直接比较。为此可以将偏回归系数转化为Beta系数，其数值与测定变量时的数值无关，因而可以直接比较，用以确定模型中各个解释变量的相对重要性。经过计算，$\ln Y$的Beta系数为0.3945，$\ln P$的Beta系数为-0.0213。可见，在广州市城乡居民储蓄存款模型中，最重要的解释变量是国民收入，其次是价格水平，Y的重要程度是P的18.52倍，这反映了在供给约束型经济态势下，在产出水平较为低下的情况下，城乡居民储蓄存款主要受国民收入的影响，并且呈正向影响；价格水平也会影响城乡居民储蓄存款，并且是负向影响；如无特殊情况，存款利率对城乡居民储蓄存款的影响甚微。

我们用Beta系数方法分析了解释变量的相对重要性，我们再用弹性分析方法测度城乡居民储蓄存款对各个解释变量的敏感性。根据式（7-3）的结果，可以直接得到各变量的弹性。

解释变量 Y、P 的弹性分别为：

$$\eta_Y=1.5617，\eta_P=-0.7576$$

这说明：在其他条件不变的情况下，国民收入每变动 1 个百分点，城乡居民储蓄存款同向变动 1.5617 个百分点，弹性较大；在其他条件不变的情况下，物价水平每变动 1 个百分点，城乡居民储蓄存款反向变动 0.7576 个百分点，弹性较小。

2. 需求约束型经济下城乡居民储蓄存款模型分析

我们先对表 7-6 所示数据进行预处理，对城乡居民储蓄存款、实际 GDP 取自然对数，然后利用 Eviews 软件进行最小二乘回归，得到结果为：

$$\ln S=5.5750+0.9092\ln Y-1.0094\ln P-0.0414\ln SH+0.6200AR(1)-0.4526AR(3)$$

$$t_0=4.19 \quad t_1=69.57 \quad t_2=-3.87 \quad t_3=-3.43 \quad t_4=2.98 \quad t_5=-2.25 \quad\quad\quad (7-4)$$

$$R_2=0.998 \quad\quad DW=2.15$$

根据（7-4）式的回归方程，广州市国民收入与城乡居民储蓄存款呈正向关系，这点不难理解，在需求约束型态势下，产出大大增加，人们在满足基本消费之后，还有盈余，于是会进行储蓄。上证指数与城乡居民储蓄存款呈反向关系，上证指数越大，越往上涨，说明证券市场行情越好，人们对证券市场的预期越大，越会把更多的闲置资金投入到股市中，而越少进行储蓄存款。在需求约束型态势下，存款利率对城乡居民储蓄存款的影响不显著，这是因为在这个阶段虽然人们的收入水平有了较大的提高，但是中国住房制度改革从 1998 年开始，买房在中国人心目中占据着重要的地位，因此不管存款利率高低，为了买房，必须进行储蓄。价格水平与城乡居民储蓄存款存在反方向变动关系，如果当年的价格水平相较于上一年的价格水平更高，居民就会根据经济运行中的已有信息，再根据自己的适应能力，决定是否进行储蓄。

表7-6　相关变量数据

年份	城乡居民储蓄存款余额（亿元）	实际GDP（亿元）	CPI（上年=100）	存款利率（%）	上证指数
1997	1586.6	548.47	102.2	5.67	1194.1
1998	1882.23	620.49	97.7	4.77	1146.7
1999	2040.18	702.28	98.5	3.78	1366.58
2000	2239.86	796.00	102.8	2.25	2073.47
2001	2600.43	897.44	98.9	2.25	1645.97
2002	3132.8	1016.17	97.6	1.98	1357.65
2003	3727.33	1170.92	100.1	1.98	1497.04
2004	4256.8	1346.83	101.7	2.25	12665
2005	5024.69	1520.92	101.5	2.25	1161.06
2006	5562.36	1746.36	102.3	2.52	2161.65
2007	5589.51	2275.79	103.4	3.75	5261.56
2008	6867.29	2959.96	105.9	3.24	1820.81
2009	7954.22	3598.64	97.5	1.98	3277.14
2010	9069.26	4494.27	103.2	2.75	2808.08
2011	10032.62	5470.24	105.5	3.25	2199.47
2012	11310.69	7100.54	103	3	2269.12
2013	12253.98	9375.63	102.6	3	2115.98
2014	12571.7	10757.76	102.3	2.75	3234.68
2015	13297.4	13433.13	101.7	2.25	3539.18
2016	13995.79	14534.65	102.7	3.12	3103.64

资料来源：①广州市统计信息网——广州50年，第一篇、第六篇、第七篇，网址：http://210.72.4.52/gzStat1/chaxun/njsj.jsp；②中国人民银行网站——货币统计司，网址：http://www.pbc.gov.cn/zhengcehuobisi/125207/125213/125440/125838/125888/17094/index2.html；③上海证券交易所网站——数据总览，网址：http://www.sse.com.cn/market/overview/。

接下来进行Beta系数分析。经过计算，$\ln Y$的Beta系数为1.3684，$\ln P$的Beta系数为-0.0338，$\ln SH$的Beta系数为-0.0249，取绝对值然后进行排序，$\ln Y$的Beta系数是最高的，影响力也是最大的，$\ln P$居中，最不重要的是 lnSH，它的 Beta 系数是最小的。ln$Y$ 的 Beta 系数最大，说明在需求约束型经济下，广州市的国民收入是影响广州市城乡居民储蓄存款最重要的解释变量。因为在需求约束型经济态势下，即便广州市经过改革开放之后国民收入水平有了很大的提高，但是这个水平放在国际上，仍然只是发展中国家或地区的水平。城乡居民储蓄的动机依然很强烈，只有当国民收入与必要消费的差距拉大到一定程度时，人们才会有多余的钱财进行消费，才能进行储蓄。价格水平越高时，实际存款利率越有可能为负的，而且基于我国的实际情况，实际存款利率经常为负，因而价格水平与储蓄存款负相关，并且对储蓄存款的影响不会很大。lnSH 的 Beta 系数最小，说明在需求约束型经济下，有价证券的价格对城乡居民储蓄存款的影响较小，这是因为虽然沪深两市的诞生有二十多年了，但是依然相当不完善，资本市场不发达，并且城乡居民由于风险厌恶的原因，更愿意把手中的闲置资金存入银行。

我们用 Beta 系数刻画了各种解释变量的相对重要性，我们再用弹性分析法测度城乡居民储蓄存款对各个解释变量的敏感性。根据式（7-4）的结果，可以直接得到各变量的弹性。解释变量 Y、P、SH 的弹性分别为：

$$\eta_Y=0.9092，\eta_P=-1.0094，\eta_{SH}=-0.0414$$

这说明：在其他条件不变的情况下，广州市国民收入每变动 1 个百分点，城乡居民储蓄存款就会同向变动 0.9092 个百分点，弹性较大；在其他条件不变的情况下，价格水平每变动 1 个百分点，城乡居民储蓄存款就会反向变动 1.0094 个百分点，弹性较大；在其他条件不变的情况下，有价证券的价格每变动 1 个百分点，城乡居民储蓄存款就会反向变动 0.0414 个百分点，弹性较小。

第四节　本章结论

无论在供给约束型经济态势还是需求约束型经济态势下，国民收入是影响城乡居民储蓄存款最重要的变量，在两个时间段都呈现正相关关系。只有产出增加了，收入提高了，储蓄存款才会有坚实的基础。

在供给约束型经济态势下，存款利率不是一个重要的解释变量，变量不显著，说明存款利率对城乡居民储蓄存款没有大多影响。改革开放初期，价格改革十分艰难，物价上涨是主要问题，而实际利率多为负利率，对储蓄行为影响甚微。在需求约束型经济态势下，存款利率依然不显著，存款利率不显著的原因与供给约束型经济态势下有所不同。因为中国城镇住房分配货币化改革从1998年开始，城镇居民为了购房，需要进行储蓄存款，凑够首付，而不会考虑银行存款利率是高还是低。

在供给约束型经济和需求约束型经济下，价格水平（采用环比指数）与储蓄存款呈现负相关关系。居民根据上一期和这一期物价水平的变动做出判断，当价格水平上升时，居民会减少储蓄存款，当价格水平下降时，居民会增加储蓄存款。

由于数据时间段的长度太短，在供给约束型经济态势下，未把上证指数放入模型中进行分析。在需求约束型经济态势下，上证指数与居民储蓄呈现反向变动，上证指数越往上涨，居民储蓄存款就越少。

综上，国民收入和价格水平是影响城乡居民储蓄存款的主要变量，因而除了要把"蛋糕做大"，提高经济总量之外，还要把"蛋糕切好"，进行合理的收入分配。除此之外，还要保持物价水平的稳定，避免储蓄存款的大幅波动。

银行存款利率是不显著的变量，大多数居民进行储蓄，把钱存入银行的主要目的并不是获得利息收入，而是出于预防性动机。除此之外，为购房而进行储蓄也是导致存款利率不显著的原因。

参考文献

陈昌兵:《可变折旧率估计及资本存量测算》,《经济研究》2014 年第 12 期。

陈俊凤、卢荻、陈宪宇:《广东改革开放若干问题的回顾：朱森林同志访谈录》,《中共党史资料》2006 年第 4 期。

陈万灵、邓玲丽:《广州外贸对经济增长贡献的实证研究：基于联立方程模型的运用》,《特区经济》2013 年第 8 期。

陈玉明:《稳定外需、进口战略及贸易平衡研究》,《对外经贸实务》2013 年第 11 期。

程鹏、柳卸林:《外资对区域经济可持续增长影响的差异性研究：基于广东和江苏的实证研究》,《中国工业经济》2010 年第 8 期。

大卫·李嘉图:《政治经济学及赋税原理》,郭大力、王亚南译,商务印书馆,1976。

戴翔、张二震:《人民币汇率变动是否影响了中国服务出口增长》,《金融研究》2014 年第 11 期。

邓大松、孟颖颖:《中国农村剩余劳动力转移的历史变迁：政策回顾和阶段评述》,《贵州社会科学》2008 年第 7 期。

董秘刚:《技术进步与国际贸易：中国对外贸易增长模式研究》,中国经济出版社,2011。

多恩布什、费希尔　斯塔兹:《宏观经济学》,中国人民大学出版社,2000,

第 7 版。

弗里德曼、施瓦茨《美国和英国的货币趋势》，范国鹰等译，中国金融出版社，1991。

广州市统计局：《广州四十年（1949~1988）》，中国统计出版社，1989。

郭友群、周国霞：《中国对外贸易对经济增长作用的实证分析》，《经济经纬》2006 年第 2 期。

海闻：《国际贸易理论的新发展》，《经济研究》1995 年第 7 期。

韩剑、王静：《中国本土企业为何舍近求远：基于金融信贷约束的解释》，《世界经济》2012 年第 1 期。

韩文宾、潘新雨：《改革开放风雨三十年：就业拐点分析》，《消费导刊》2009 年第 9 期。

季莹、王怡：《中国外贸进出口影响因素实证分析》，《统计研究》2010 年第 5 期。

贾润崧、张四灿《中国省际资本存量与资本回报率》，《统计研究》2014 年第 11 期。

柯善咨、向娟：《1996~2009 年中国城市固定资本存量估算》，《统计研究》2012 年第 9 期。

李宾：《我国资本存量估算的比较分析》，《数量经济技术经济研究》2011 年第 12 期。

李军：《家庭储蓄与通货膨胀数理关系及实证分析》，《数量经济技术经济研究》2016 年第 4 期。

李坤望、蒋为、宋立刚：《中国出口产品品质变动之谜：基于市场进入的微观解释》，《中国社会科学》2014 年第 3 期。

李蓬勃：《中国进口影响因素实证研究》，《合作经济与科学》2009 年第 4 期。

李强、魏巍：《制度变迁与区域进出口贸易的关联：强制性抑或诱致性》，《改革》2013 年第 2 期。

李强、徐康宁：《制度质量、贸易开放与经济增长》，《国际经贸探索》2017 年第 10 期。

李少华、徐琼：《金融发展对中国区域技术效率影响的实证研究》，《经济论坛》
　　2009 年第 7 期。

李晓峰、郑柳剑《广东民营企业对外贸易对经济增长影响的实证分析》，《国
　　际经贸探索》2010 年第 7 期。

李雪松、黄彦彦：《房价上涨、多套房决策与中国城镇居民储蓄率》，《经济研
　　究》2015 年第 9 期。

李艳丽、彭红极：《人民币汇率对出口价格的传递效应》，《金融研究》2014 年
　　第 10 期。

李焰：《关于利率与我国居民储蓄关系的探讨》，《经济研究》1999 年第 11 期。

廖远甦：《重估上海物质资本存量：1978~2008》，《上海经济研究》2009 年第
　　12 期。

林仁文、杨熠：《中国的资本存量与投资效率》，《数量经济技术经济研究》
　　2013 年第 9 期。

刘巍、陈昭：《大萧条中的美国、中国、日本与英国》，经济科学出版社，2010。

刘巍、陈昭：《近代中国 50 年 GDP 的估算与经济增长研究》，经济科学出版
　　社，2012。

刘巍：《储蓄不足与供给约束型经济态势：近代中国经济运行的基本前提研
　　究》，《财经研究》2010 年第 2 期。

刘巍：《从供给约束型经济向需求约束型经济的转变：1952 年以来中国经济态
　　势初探》，《广东外语外贸大学学报》2011 年第 2 期。

刘巍：《计量经济史研究方法》，社会科学文献出版社，2016。

刘巍：《居民存款增量影响因素地区差异的实证分析》，《数量经济技术经济研
　　究》2004 年第 9 期。

刘巍《计量经济史研究中的"上位前提假设"刍议——经济学理论框架应用
　　条件研究》，《广东外语外贸大学学报》2012 年第 2 期。

卢狄主编《广州通史·当代卷》上册，中华书局，2010a。

卢狄主编《广州通史·当代卷》下册，中华书局，2010b。

卢向前、戴国强:《人民币实际汇率波动对中国进出口的影响》,《经济研究》
　　2005 年第 5 期。

潘黎、吕巍、王良燕:《储蓄与消费的选择: 自我构建对应对目标冲突的影
　　响》,《经济与金融》2013 年第 3 期。

裴长洪:《进口贸易结构与经济增长: 规律与启示》,《经济研究》2013 年第 7 期。

裴长洪、盛逖:《中国进出口贸易不平衡及其调整战略》,《财经问题研究》
　　2007 年第 4 期。

单豪杰:《中国资本存量 K 的再估算: 1952~2006 年》,《数量经济技术经济研
　　究》2008 年第 10 期。

苏振东、洪玉娟、刘璐瑶:《政府生产性补贴是否促进了中国企业出口?——
　　基于制造业企业面板数据的微观计量分析》,《管理世界》2012 年第 5 期。

托马斯·孟:《英国得自对外贸易的财富》,袁南宇译,商务印书馆,1965。

汪亚楠、周梦天:《贸易政策不确定性、关税减免与出口产品分布》,《数量经
　　济技术经济研究》2017 年第 12 期。

王博、刘澜飚:《中国外贸扩张对经济增长贡献的影响研究》,《经济学动态》
　　2009 年第 1 期。

王桂新、陈冠春:《上海市物质资本存量估算: 1978~2007》,《上海经济研究》
　　2009 年第 8 期。

王海第、龚六堂:《增长经济中的消费与储蓄: 兼论中国高储蓄率的原因》,
　　《金融研究》2007 年第 12 期。

王维等:《基于十大分类的中国资本存量重估: 1978~2016 年》,《数量经济技
　　术经济研究》2017 年第 10 期。

王永平:《广州改革开放 20 年回眸》,《开放时代》2000 年第 2 期。

王宇哲、张明:《人民币升值究竟对中国出口影响几何》,《金融研究》2014 年
　　第 3 期。

王玉茹:《近代中国价格结构研究》,陕西人民出版社,1997。

魏浩:《中国进口需求的分析》,《系统工程理论与实践》2014 年第 9 期。

吴智文、丘传英主编《广州现代经济史》,广东人民出版社,2001。

肖鹬飞:《人民币汇率变化对出口贸易的影响——基于广州市的实证分析》,《国际经贸探索》2008 年第 12 期。

谢勇:《中国居民储蓄率的影响因素研究》,南京大学出版社,2011。

谢智勇、徐璋勇等:《亚洲金融危机以来人民币汇率与进出口贸易增长关系的实证分析》,《国际金融研究》1999 年第 7 期。

许和连、赖明勇:《中国进口贸易影响因素的实证分析》,《湖南大学学报》2002 年第 5 期。

薛占栋:《深圳物质资本存量估算》,《生产力研究》2011 年第 10 期。

亚当·斯密:《国民财富的性质和原因的研究》,郭大力、王亚南译,商务印书馆,1972。

颜鸿填:《2010 年亚运会对广州经济影响探讨》,《广州体育学院学报》2010 年第 5 期。

杨天宇、荣雨菲:《高收入会导致高储蓄率吗:来自中国的证据》,《经济学家》2015 年第 4 期。

袁志刚、冯俊、罗长远:《居民储蓄与投资选择:金融资产发展的含义》,《当代经济科学》2004 年第 6 期。

约翰·梅纳德·凯恩斯:《就业、利息和货币通论》,商务印书馆,1999。

约翰·梅纳德·凯恩斯:《就业利息和货币通论》,魏埙译,陕西人民出版社,2004。

张军、章元:《对中国资本存量 K 的再估计》,《经济研究》2003 年第 7 期。

张军等:《中国省际物质资本存量估算:1952~2000》,《经济研究》2004 年第 10 期。

张抗私、盈帅、戴丽霞:《产业结构变动对就业有何影响?——基于斯托克夫指数的视角》,《产业组织评论》2012 年第 4 期。

张曙光、张燕生、万中心:《中国贸易自由化进程的理论思考》,《经济研究》

1996 年第 11 期。

张宇星：《改革开放以来广州经济增长因素分析》，《特区经济》2008 年第 6 期。

张源媛：《中国进口贸易现状与进口战略分析》，《宏观经济研究》2011 年第 5 期。

赵陵、李云峰：《中国进口增长波动因素的实证分析》，《数量经济技术经济研究》2001 年第 1 期。

郑超愚、韦伟：《开放经济中的中国贸易政策的定位考察》，《财贸经济》1994 年第 5 期。

中共广州市党委史研究室编《亲历改革开放》，广州出版社，2008。

祝树金、奉晓丽：《进口贸易与经济增长：基于中国的实证研究》，浙江大学出版社，2011。

Angus Deaton, "Saving in Developing Countries: Theory and Review," The World Bank Economic Review, 1990, (3): 61-96.

Broda C., Weistein D. E., "Globalization and The Gains From Variety," The Quarterly Journal of Economics, 2006, 121 (2): 541-585.

Charemza W. and Deadman D. F., New Directions in Econometric Practice(Edward Elgar, 1992).

Chow G. C., "Capital Formation and Economic Growth in China," The Quarterly Journal of Economics, 1993, 108 (3): 809-842.

Chow G. C., Li K., "China's Economic Growth: 1952–2010," Economic Development & Cultural Change, 2002: 51.

Du, J. and Girma, S., "Finance and Firm Export in China," Brookings Kyklos, 2007, 60 (1): 37-54.

Evans, "The Economic Significance of National Border Effects," American Economic Review, 2003, 93 (2): 1291-1312.

Feenstra R. C., Hanson G. H., "Intermediaries in Entrepot Trade: Hong Kong re-exports of Chinese Goods, " Journal of Economics and Management Strategy,

2004, 13（2）: 3-35.

Feenstra, Markusen A. "Using the Gravity Equation to Differentiate among Alternative Theories of Trade", Canadian Journal of Economics, 2001, 34（2）: 430-447.

Feng L., Li Z.Y., Swenson D.L., "Trade Policy Uncertainty and Exports: Evidence from China's WTO Accession," Journal of Internationl Economics, 2017, 106: 20-36.

Goldberg L. S., Tille C., Vehicle Currency Use in International Trade, Federal Reserve Bank of New York Staff, 2004.

Goldsmith, Raymond W., A Perpetual Inventory of National Wealth, 5-61, NBER Studies in Income and Wealth, Vol.14, New York: National Bureau of Economic Research, 1951.

Handley K . , Limao N. , Policy Uncertainty, Trade and Welfare: Theory and Evidence for China and the U S, NBER Working Paper , No.19376, 2013.

Hellman, T., Murdock, K. and Stigliz, J., "Liberalization, Moral Hazard in Banking, and Prudential," The American Economic Review , 2000, 90（1）.

Hellvin, L., "Vertical Intra-Industry Trade between China and OECD Countries," OECD Development Centre Working Paper No.114,1996.

Lester, "Technological Innovation, Capital Mobility, and the Product Cycle in North-South Trade," Economic Reviews, 1841, 75: 177-190.

R . Liu., "Macroeconomic Control Over the Socialist Market Economy," China's Foreign Trade, 1994, 12（11）: 64-65.

S. Linder, "Measuring the Restrictiveness of Trade Policy," World Bank Economic Review, 1962, 8（2）: 151-170.

Wong, C. Y.; Siow, G. ; Li, R. and Kwek, K. T., "The Impact of China on the Emerging World: New Growth Patterns in Chinese Import Export Activities," Engineering Economics 24(4) , 2013.

图书在版编目(CIP)数据

广州宏观经济运行：1978-2018：历史、逻辑与实
证/刘巍著. -- 北京：社会科学文献出版社，2018.12
（改革开放研究丛书）
ISBN 978-7-5201-3840-6

Ⅰ.①广… Ⅱ.①刘… Ⅲ.①区域经济-宏观经济运
行-研究报告-广州-1978-2018 Ⅳ.①F127.651

中国版本图书馆CIP数据核字（2018）第257204号

·改革开放研究丛书·

广州宏观经济运行（1978~2018）
——历史、逻辑与实证

丛书主编 / 蔡昉 李培林 谢寿光
著 者 / 刘巍

出 版 人 / 谢寿光
项目统筹 / 陈凤玲 田康
责任编辑 / 陈凤玲

出 版 / 社会科学文献出版社·经济与管理分社（010）59367226
　　　　　　地址：北京市北三环中路甲29号院华龙大厦 邮编：100029
　　　　　　网址：www.ssap.com.cn
发 行 / 市场营销中心（010）59367081 59367083
印 装 / 三河市东方印刷有限公司

规 格 / 开 本：787mm×1092mm 1/16
　　　　　　印 张：16 字 数：234千字
版 次 / 2018年12月第1版 2018年12月第1次印刷
书 号 / ISBN 978-7-5201-3840-6
定 价 / 99.00元